ジャパンのために

日本ラグビー9人の肖像

向風見也
Fumiya MUKAI

論創社

ジャパンのために　目次

カバーデザイン　野村　浩
カバー写真　長尾亜紀

ジャパンのために

日本ラグビー9人の肖像

プロローグ

よく喋るその人は、かつて引っ込み思案な少年だった。

大畑大介。一九七五年に大阪府で生まれた元ラグビー選手である。

国同士の公式戦にあたるテストマッチでのトライ数は65と、引退した二〇一一年時点では世界最多記録を保持。瞬発力、それを得点に繋げる嗅覚を、ジャージィを脱ぐまで保った。長く日本代表の顔だった。

野球や陸上競技の有名選手が集う運動会形式のテレビ番組で活躍し、一般的にもその名が知られた。アスリートの集まるトークバラエティに出演すれば、僕はスターであるといった話題を振りまいた。「ラグビー界の広告塔」と自称した。瞳の筋は直線的で、髪は明るめのブラウンだった。古色蒼然《そうぜん》とした日本楕円球界の風通しを若干は変えた。

その大畑、幼少期は滑り台から自分で降りられないほどの「あかんたれ」だった。

実は内気だ。有名になってからもそう強調した。昔を知る人には、団体競技をしていること自体が驚かれるようだった。小学校三年生で入ったラグビースクールで「ヨーイドン」をしたら最も足が速く、周りの子どもに存在を認められた。それが心地良く、気付けば「明るいトライ王」へのレールに乗っていた。

現役生活を終えた春、東京は六本木のほの暗いホール。

初の講演で、「自分の殻を破らせてくれたスポーツ」としての、あるいは個人のいびつさがかえって求められる団体競技としてのラ式蹴球を語った。

「足の速い奴、小さい奴、力が強い奴がお互いの特性を尊重し合うことがチーム力に繋がっていく。そういう意味では社会の縮図だと思います」


どこにでも楕円球はある。

南半球の芝の上にも、イングランドの街にも、アイリッシュパブにも。東アジアの島国の公立高校にも。

十代の犯罪行為がワイドショーの餌食となり、「モーニング娘。」なる女性の歌い手たちが日本経済を揺らした二〇〇〇年頃。

東京都立狛江《こまえ》高校ラグビー部顧問だった社会科教諭の柏倉永治《かしくらえいじ》は、未経験者を含め数える程度のメンバーに「醍醐味」を淡々と説いた。

この人、ホースレースが好きだった。

部活動の秋の公式戦があった日曜日の午後、負傷した三年生部員を車に乗せ、調布市内の大学病院へと出向いた帰りしなだった。

「買いそびれた」

原色で印字された大衆紙を片手に、深刻な雰囲気を適度に壊した。翌日、受け持っていた日本史の授業で「買ったら負けていた」と漏らした。

ラグビーは十五人で行うスポーツである。ただ当時の東京都では、規模が限られた高校クラブに向けた十人制の大会があった。期間中、狛江高の指導者はギャンブラーだった。

試合直前のウォーミングアップを見て、部員同士の事前のビデオ偵察ではわからない「少し見劣りのする相手選手の苦手な動き」を把握、圧力をかけるべき局地を生徒たちに端的に伝えた。当時四十歳前後で、か細い白髪交じりの指導者は、つまり、勝負をしていた。

普段の練習の進行やメニュー作りは、年度ごとのキャプテンに任せた。服装や頭髪に関する校則を守れないティーンズに胸を張らせた。俺たちは自主的にやっているのだと。

サッカー部や野球部と共同で使う土のグラウンドに出るのは月に数回くらいで、その都度、抑揚の少ない声で自律を勧めるのだった。

「監督のサインで動くのではない。自分で判断する。それが一番の醍醐味」

事実、多くのラグビーの監督がスタンドでゲームを観ているのは、もともとある哲学に基づいた現象だ。プレイヤーズファースト。

銀座でパーソナルコンピューターをたたく一人の女性は、少し甘さを残した表情だった。

二〇一一年春、職場近くの「つばめグリル」での昼休み。ハンブルグステーキを切り分けつつ話した。

「皆が戦争をしてるのとは反対のことを書いててね。逃げる時はお腹の中に隠してた」

胃が悪く、医者や家族に止められていた煙草をこっそり吸う祖父と、その日記についてだった。

長崎県は旧制の佐世保中学校時代、後に「おじいちゃん」となる篠崎二郎さんはどうやらラグビー部員だった。

歳を重ねた後も、正月は母校の早稲田大学が出ていた大学選手権の試合を箱根駅伝と交互に観ていた。選手としての肖像は家族には知られていないものの、セピアの写真には、ボール争奪局面が好きそうな男性が映っていた。

一九三〇年代前半、学生時代は軍事教練の実習をついに受けなかった。大卒でありながら、「歩兵第一連隊」の最下位階級、二等兵となった。珍しいとされた。もっとも本人は、「将校になろうとか、そうした階級的意向はみじんもなかった」。三〇年代後半、折の「空気」で満州に連れられても、大勢《たいせい》が気付かぬ真理を見抜いた。それを原稿用紙の上に著し、「お腹の中に隠してた」のだ。意見はあっても隠した。きっと未来のために。

「今日は日曜、酒保《しゅほ》（売店のこと―引用者註）で新聞を見ると、一面トップで欧州もアジアも戦争のことばかり。もう、こういうふうに、戦争に突入すると、勝利の栄光を追って総《すべ》てが動くから、真実に忠実でなければならない報道だって、なにふりかまわず戦争に奉仕するから、真相はかくされ、軍の宣伝機関になりさがってしまっている。宗教だって、元来は平和の使途であるべきだが、これまた軍に協力して、憚《はばか》るところがない。気骨ある人も御身御大切と、石のように黙りこくっている」

大勢に流されない自問自答によって作られる個性は、ラグビーの根底にあってもいい。チームスポーツゆえ、最終的には皆が一つになることがマストだ。実績あるコーチや選手ほどそれを認める。ただ、端《はな》から「右へならえ」を旨とする凡夫同士の画一的な「一つ」より、あちこちへ向いた面々が寄り集まっての一つの方が、グループに奥行きと幅広さを生む。大畑が「チーム力に繋がる」と言った「お互いの特性を尊重し合うこと」を、プレー以外でも可能にするのだ。

なお、近くの人々にこそ二郎さんは愛情を傾けた。戦後、孫娘の見えないところで、袋から皿に開けただけではない食事を愛犬に与えた。ユーモラスでもあった。いつであろうか。マス目の上にはこうも記した。

「軍艦一隻で公衆便所いくつ出来るだろう」

大好きな風呂に入った二〇〇三年二月十三日の朝、湯気の中で最期を迎えた。八十七歳だった。本人による推敲《すいこう》の跡が見られたその手記は、遺族が自費出版した。

二〇一一年秋、その競技の「王国」とされるニュージーランドで、四年に一度のラグビーワールドカップが開かれる。出場する日本代表、およびその候補者の中にも確かにいるのだ。「社会の縮図」における確かな人格が。見せかけでなく自主的に生きる若者が。調味料がなくとも集団にコクや甘みをもたらす新鮮素材が。

素直さで「伝説」を作る大男。
飾り気のない自尊心。
己が何者かを確認し続ける走り屋。
最後の砦《とりで》の「オールドルーキー」。
天然もののキャプテン。
南半球で生まれた奥ゆかしさ。
好戦的かつ憎めぬ童顔。
鎧《よろい》としての知性。
「大人」で「子ども」の華。

ページの向こう側で、九つの個性が息をしている。

救急車の巻

大野均

写真　志賀由佳

顎鬚《あごひげ》をたくわえた長髪の大きな男性が床に倒れていた。二〇一〇年秋のことだった。

この日、読売新聞の清水暢和《のぶかず》記者は、東京都府中市にある株式会社東芝の事業所に来ていた。南門を入って右手にあるラグビー部、東芝ブレイブルーパスのクラブハウスで取材をするためだった。相手はそこに所属する日本代表選手である。

約束の十三時より一、二分ほど前、チームスタッフは、清水記者を建物の二階へと案内した。選手をこちらに連れてきます。おかけになりお待ちください。そんなことを言いながら応接室の扉を開け、蛍光灯のスイッチを入れた。

すると足元に、人影があるのを感じた。

当該の選手、つまり大野均《ひとし》が眠っていたのだ。

世界トップレベルのラガーマンの間でも小柄とは言われぬ身長一九二センチ、体重百五キロの身体では、部屋の中心にあった日本の平均的なサイズの長椅子は窮屈なようだった。だから床に。理屈は通っていた。本人はこういうつもりでいた。

「ソファで寝てたら偉そうかなって」

どうやら、そこを昼休みの寝床にしているようだった。

酒が好きだ。仲間同士の飲み会を早めに抜け出し帰宅、幼い子どもを風呂に入れてから再び合流していた。クラブに根付く習慣を受け継いでいたのだ。はるか昔は、夜道で横になっていたところを通行人に見られ、もう二度と動くことのない人間の身体なのではと勘違いされたこともある。もっとも周りからは、この人と飲むのは楽しい、決して悪い酒ではないと親しまれている。

「自分の鼻探知機では、アルコールの成分は検出されなかった」

そう記憶する大手一般紙のジャーナリストだが、床の上の光景を、人に話したくなる逸話として脳裏に刻んだ。

スタッフの声で大野はゆっくりと起き上がった。まだ来てないよね、と。目の前に来訪者を見つけた。何事もなかったかのように席に着いた。

会社では、「施設管理部」に籍を置く。

素朴、温和、朴訥《ぼくとつ》。グラウンド外での印象は周りでこう伝えられる。

慌てない。少なくとも素面《しらふ》ならば無闇に大声を出さない。選手としての日程が過密なためなかなか顔を出せない職場には、折を見て土産を置く。合宿や遠征の時はつい多くの荷物を準備してしまう。

何より芝の上では、ゴツン、バチンという類《たぐい》の擬音を身体で響かせる。

ライバルチームの一つ、パナソニックワイルドナイツの霜村誠一キャプテンは言う。

「僕の奥さんの両親は、キンさんが嫌いなんです。激しすぎて、凄いからです。本人にも言ったんですけど。ウチと試合する時は激しくしないでって」

通称「キンさん」は、主にロックというポジションを務める。密集地帯に突っ込む。時に相手と殴り合いのようなことをしながら球を奪い合う。そんな役割が求められる比較的地味な働き場だ。それなのに、と霜村は続ける。

「奥さんの両親はラグビーのことは知らないんですよ。でもキンさんは、大野さんはって。ロックでそう言われるなんて」

大野の一挙手一投足は、本人の意思とは関係なく神格化される。その全ては本人のニックネームが付記され、「キンさん伝説」および「キンちゃん伝説」となる。


一九七八年、福島県郡山市の農家に均少年は生まれた。

家の手伝いで牛の乳搾りや牧場の藁《わら》運びをし、中学時代は新聞配達のアルバイトも行った。丈夫で怪我に強い身体を作った。

清陵《せいりょう》情報高校では野球部員だった。が、代打要因に止《とど》まった。評定平均「四・五」という成績で、日本大学工学部の学内推薦を勝ち取り進学した。郡山のキャンパスに通い始めた。

大学でも野球をしようとしていたところ、新入生を物色していたラグビー部の先輩に捕まった。「半ば強制的に」入部を勧められた。一度くらいは、とグラウンドに見学に行った。

そこで目にした光景は、オンとオフの切り替えを口笛でも吹くかのようにこなす学生たちの姿だった。本人は思った。

「工学部は実験と研究で忙しいんですけど、ラグビー部の先輩は、その実験と研究の合間を縫って集中して練習していた。その姿が格好いいなって」

やがて「仲間に入りたい」からと、正式に入部した。

当初は一生懸命に走り回っても、経験者から「走りすぎているから逆に邪魔、いなくてもいいところに走っている」と言われた。とはいえ、メンバーの数が常に試合のできる最低限の線を前後するクラブで、文字通り不可欠な存在となった。ポジションは「先輩が引退して空いたところ」を順番に任された。授業や練習が終われば、部員たちと飲みに出かけた。どうすればたくさんの部員が集まるのか。そんな話をよくしていた。

四年生で福島県選抜に入った。そこのフォワードコーチだった高木邦男は評価した。

福島に面白い奴がいます。

高木からそう伝え聞いたのは、筑波大学ラグビー部で同期だった薫田真広だった。

一九九五年の南アフリカワールドカップでは日本代表のキャプテンを務め、「ストレスがたまるなら禁酒はなし」を持論とする、力と技の両面に秀でた巨漢だった。当時は所属先の東芝でコーチをしていた。

それほど面白いのなら一度、観てみたい。春に試合でもあればいいが、日大工学部は人が足りずゲームを組めないという。では、東芝の練習に呼ぶことにしよう。そう本人に伝えた。また、これはあえて言わなかったが、そこでの動き次第で採否を決めるつもりだった。

かくして福島県の大きな学生は、会社側から渡された新幹線の切符を持ち上京した。不慣れな者には煩雑《はんざつ》な経路の電車を乗り継ぎ、府中市の工場の手前にあるグラウンドに足を踏み入れた。揃いのトレーニングウエアの集団に、色あせた青のジャージィで混ざった。行われた練習の一つは、狭い区画内でひたすら身体をぶつけ合うものだった。

これは一対一で勝負をするメニューだ。コーチがそう伝えたら、学生は文字通りわき目もふらず巨木の企業人に立ち向かった。言われたことを最後までやる気概。言われたことに全てを捧げる精神。すぐに二つとも合格基準に達した。

とはいえ大野自身は、日本のラグビークラブのなかでも図抜けて厳しかった東芝の練習を、まるで別世界だと感じていた。接触のたびに痛い、と思った。右肩は上がらなくなった。痛そうな顔をしているな。現役選手にはそう気付かれたが、当事者が何も言い出さないのだからそのまま時は流れた。本人は言う。

「社会人の全員が鬼気迫る感じで、そこにぽっと入れてもらった自分が怪我をして帰ったら、情けない感じになる。それだけは避けたかった。プライドじゃないですけど、最後まで隠し通そうと」

しばらくすると、向こうからサイレンの音がした。

「社会人の練習は、救急車が来るのか」

自身は上がらぬ肩のままグラウンドに立ち続けた。この日は特別厳しいメニューが課された日だったと、追って聞かされた。後に東芝監督として「親に見せられない練習」を標榜《ひょうぼう》した薫田には、こう評されている。

「非常に痛みに強い。本当にその性格が出た朴訥としたプレイヤーですね」

シャワーを浴びたあと、その薫田と食事をした。ビールと鉄板の上の焼肉を嗜んでいるところにこう告げられた。

「採るから。一週間で返事を出せ」

そのタイムリミットを本人は「三日」と勘違いしたようだった。他に覚えていた言葉は、「今日の練習がだめだったら、焼肉は蕎麦くらいになっていたぞ」だった。

帰郷後、長男の均は両親に事情を話した。

「大々的には賛成されませんでした」

そもそも消防士になるため公務員試験を受けるつもりだった。民間企業からの内定ももらっており、少なくとも地元には残るだろうと、家族には考えられていた。

第一、選手の数が足りずに試合ができないような部の人間が、強い社会人のチームに行って通用するのか。素朴な疑問も投げかけられた。

「不安しかなかったですね。ただ、東芝というトップチームに入れるのはひと握りだし、そこに自分が誘われたのは縁かなと。あと、断ったら絶対に後悔するというのが自分の中であったので」

実家には、福島県のラグビー協会からも連絡が来ていた。この県から東芝のようなチームに入れる選手など、滅多にいないのです。そう説得する内容だった。

結局、後の日本代表ロックは、「救急車が来る」グラウンドに身を置くことにした。蕎麦ではなく焼肉をつまんでから三日後の夜、電話を鳴らした。

ちなみに体験練習で上がらなくなった右肩はその日の夜、痛みが増した。病院で検査した結果、肩鎖《けんさ》関節が脱臼していると言われた。

しばしば「雑草集団」と称される東芝だったが、実際はエリート集団である。その割に純朴な印象が強い、という意味で「雑草」と言われているだけのことだ。

入社のあとだったたか。薫田から「三年でジャパンにする」と人伝《ひとづて》に聞いていた大野も、すぐにクローズアップされたわけではなかった。一年目の二〇〇一年度は、怪我もあり試合に出られなかった。

ただ、その後の飛躍に大きく関係する出会いならあった。

冨岡鉄平。翌年度からキャプテンになり、後の黄金期を築くこととなる、少し肩をいからせて走るタイプの選手だった。確か学生時代、東北での東芝の試合を観に行った大野は、この人にネクタイの結び方を直してもらっていた。

大野が控えに甘んじている当時、チームも暗中模索している感があった。

一九九六年度から三年連続で日本選手権を制覇して以降、サントリーや神戸製鋼との覇権争いから一歩、後退していたのだ。

どうしたら勝てるのか。当時からレギュラーの座を摑みかけていた冨岡はそう自問自答していたようだった。何人かの中堅、若手の選手とともに全体練習後も走り、鍛えていた。

大野もそれに影響され、人影の少ないトレーニングルームやグラウンドに立った。

飛んでくるボールをきちんと捕る。そうした基本を反復練習で身に付けた。何より、重いものを持って走り、ウエイトトレーニングに取り組んだ。身体をさながら重機にした。

もう一人、釜澤晋《すすむ》は、大野の入社当時に東芝でレギュラーのロックだった。

パスをもらう時、控え時代の大野は出し手に近い位置に立っていた。ボールは大切に扱えというコーチの教えを守る生真面目さに競技経験の浅さが相まって、長いパスはキャッチできずに落としてしまうのではと疑心暗鬼になっていたのだ。薫田が評価していたアスリートとしての力を、ラグビーのプレーに直結できずにいた。

かたや釜澤は、ボールを持った仲間よりもはるか後ろからトップスピードで走り込んでパスをもらっていた。現役時代で身長一八八センチ、体重百八キロというどっしりとした身体を活かし、力強い突破を見せていた。ある日、それを間近で見た大野は感じた。「これだ」。練習試合で真似をしてみたら、自分も大きく前進できた。

釜澤からは、夏合宿前に「俺が休んでいる間に三倍スクラムを組め」と言われたこともあった。大きな人たちが低い姿勢で組み合うセットプレーの原理を、身体で覚えろと告げられたのだ。別の時には、そのスクラムの時の「姿勢」を反復練習で身に付けるようアドバイスされた。いずれもその通りにした。

「チームでお前がいないと不安になると言われるような存在感を示せと言った記憶がある。ま、なりましたけどね」

引退後、「子どもを風呂に入れてから飲む」を背中で伝えた先輩ロックは述懐する。さらに当時のチームメイトで、二〇一一年度から東芝監督の和田賢一はこう言うのだった。

「あれだけ素直な人間はいないです。向上心を持って、よりよくなるために行動に移す。また、試合のメンバーじゃないと手を抜く選手もいるけど、彼はそういう人じゃなかった。常に準備しておける人間、というのかな」

念願のシーズン中のデビュー戦は、突然やってきた。

入社二年目、二〇〇二年十一月二日にあった東日本社会人リーグの試合だ。

相手は当時、日本選手権二連覇中のサントリーだった。

ロックには怪我人が出ていた。選手層から見て、自分はリザーブには入れるかもしれない。

突然の出番が来ても全力を尽くせるように準備しておこう。大野はそう考えていた。

その週の火曜日のミーティング、目の前にあった回転式のホワイトボードを、コーチから監督になっていた薫田がぐるりとさせた。そこには試合のメンバーが記されていた。

5番、大野。

スタメンだ。入社二年目の青年は背筋を伸ばした。

当日、緊張からか、釜澤がどんな指示を出しても耳には入っていないようだった。ただ球を持てば、チャンピオンチームの選手のタックルを何度もかわした。そのまま大きく突き進んだ。結果、38―45で敗れたが、前半は大量リードしていた。

俺でも戦える。初先発の若者は手応えを摑んだ。

そもそも開幕前から大きな可能性を秘めた人物だと、首脳陣には目されていた。あまりにルールを知らないからと、先発を見送られていただけなのだ。サントリー戦以後、この人はレギュラーの座を獲得した。

日本最高峰のトップリーグができた二〇〇三年度以降、東芝は安定した。薫田真広監督のもと、二〇〇四年度から〇六年度まで同リーグ三連覇を果たした。大野も中心選手となった。二〇〇四年から日本代表に選ばれるようになった。いつか聞いた「三年でジャパン」は、ほぼ現実のものとなった。

自ら発見、採用した学生の成長について、後に薫田はこう言った。

「あいつも最近ルールを覚えましたから」

代表の常連選手として、二〇〇七年、大野はフランスでのワールドカップに参戦した。九月八日、リヨンであったオーストラリアとの初戦はベンチで観ていた。ジョン・カーワン・ヘッドコーチ率いる日本代表は、次の試合で先発予定のない選手だけで戦っていた。過密日程を乗り越えるためである。負傷以外での選手交代はなされなかった。芝の上では、国同士の公式戦を意味するテストマッチに百試合以上も出ていたジョージ・グレーガンやスティーブン・ラーカムら、世界的な名士が躍っていた。

3―91。日本は敗れた。大野は試合に出たかった。

「オーストラリアの本物のメンバーがジャパンと戦っていて、最初は感動して。でもだんだん点差がついていって……。ただ、ジャパンのチームとしてフィジーに勝つことが明確なターゲットで、そこに自分が先発として出してもらう。何かしらの結果を出さないといけないと、責任を感じていました」

四日後、トゥールーズでのフィジー戦。

トライを取られた直後にこそ、大野は強烈なタックルを相手に見舞った。

失点後に日本代表が蹴るキックオフで、キッカーが十メートルラインを少し越えた地点に球を蹴る。それを捕った相手選手に大野が突っ込む。こうした個人への信頼に基づく約束は果たされた。帰国後の本人はタックルのことを「責任」と言い、あとは「いいところに蹴ってくれた」味方の話をした。

試合ではノーサイドの直前まで日本が攻め立て、スタンドからは「Japon! Japon!」という歓声があがった。31—35の惜敗も、多くの国内ファンの胸を打った。

時が経ち、フィジー戦で大野の体重は六キロ減ったという情報が公に出た。

その頃には、体内のエネルギー全てを放出するという意味の「オールアウト」なるフレーズが、この人の代名詞になっていた。


古代ギリシアに関する書物の挿絵の中にいそうな彫りの深い顔立ち。格闘技的要素の強い競技にふさわしい、なおかつわかりやすいプレー。いわゆる「シンデレラストーリー」然とした選手としての経歴。それら全てが調合された大野は、日本ラグビー界の人気選手の一人になっていった。

自身初のワールドカップの前後には、その特性に関するインタビュー依頼を専門誌や総合スポーツ誌から受けた。その都度、朴訥とした口調にいくらかのユーモアを混ぜて淡々と話した。どうやら日本人は、豪快さと奥ゆかしさの合わせ技を好むようだ。

そんな折、所属先の東芝に、マスコミ用語で言うところの「激震」が走った。

二〇〇八年度シーズンが終盤に差し掛かっていた二〇〇九年一月四日。入部一年目のトンガ人選手に窃盗の疑いがかかったのだ。本人も容疑を認め、間もなく退部した。

誰もが「連帯責任」という発想に基づく出場停止処分を覚悟した中、青木利弘部長の辞任、当時の瀬川智広監督のシーズン終了までの謹慎という処分が下された。残っていた試合は、予定通り決行されると決まった。

事件発覚後の一月十二日。トップリーグ第十二節のサントリー戦は、東京都調布市の味の素スタジアムで行われた。

府中市を本拠地とするチーム同士による、隣町の大きな会場でのダービーマッチ。プレーオフ進出を争うリーグ戦の上位攻防戦。何より、自分たちの存在意義が問われる時間。東芝にとってはそういう位置づけだった。ある部員は知人に言われた。もう、勝つしかなくなったね。そのひと言に悪気はなかろうが、いつもの頑張ってねと意味合いが違っていたのは明らかだった。かえって選手の五感は、冴え渡った。

悲壮感を漂わせた東芝が驚異的な迫力で攻め続けた。61―5で完勝した。

大野は、持ち前の速さと強さをむき出しにした。ワールドカップの時のようなタックルをひたすら繰り出した。釜澤の真似をすることで体得し、後に国内外の試合を通しさまざまなエッセンスを加えた豪快な突破を、前半10分、約四十メートルを駆け抜けての先制トライへと無意識で繋げた。33分にもゴールラインを割った。

活躍した選手に贈られるマン・オブ・ザ・マッチを受賞した。

スタンド下の取材エリア。シャワーを浴びスーツに着替えた大野を、待ち構えた記者団は拍手で迎えた。厳正中立を旨とするジャーナリストにとって、それは異例の行動だった。

くすぐったそうに笑う英雄を見て、仲間は告白する。

「今週は、キンさんがいないことを想定した練習もしていたんです」

その時、右足の筋断裂を抱えていた大野は、出場が難しいとされていたのだ。

ただチームメイトの豊田真人は、かような「キンちゃん待ち」はよくあることだと言った。

事態を受けて監督代行を任されていた和田も腹を決めていた。

「本人はやれますと。あいつがやるといったら本当にやりますから」

背番号5は、ぶっつけ本番で豪快な動きを見せていた。

「もう、今シーズンのラグビーは終わったなと。でも青木部長と瀬川監督が責任を取ってくれて……。勝ちたいんじゃなく、勝たなきゃいけないと」

拍手に使われていた報道陣の指先は、すでに聞き書きの作業を始めていた。


想定外とされる出来事は、なぜ、こうも連続して起こるのか。

サントリー戦後のドーピング検査で、代表経験のある所属選手の体内から出るべきではない物質が検出された。

それを皆が知ったのは、プレーオフ決勝戦の三日前だった。日本アンチ・ドーピング機構は再検査を行うとし、結果が「クロ」なら、その決勝戦のあとに行われる日本選手権をチームが辞退することとなった。

身体を激しくぶつけ合い、怪我の危険も少なくないラグビーは、味方選手同士でピュアな信頼関係を築きやすい一面がある。この件でも、東芝の人々は一緒にグラウンドで過ごした仲間の「シロ」を信じた。「部員を失ったことが辛かった」。全てが終わってからはそう答える人もいた。ただ、それは公にされにくい感情ではあった。「言えないですよね。事件を起こしたやつをかばうのか、となりますから」。ある中心プレイヤーは呟いた。

当時の廣瀬俊朗キャプテンは、何度も頭を下げた。足しげくグラウンドに通う担当記者、またはこの時に初めてラグビー選手を取材するであろう社会部記者らの前で。

結果、勝敗にかかわらず、決勝戦が東芝のシーズン最終戦となった。

二〇〇九年二月八日、東京は青山にある秩父宮ラグビー場。

公式記録で「一七〇八二人」の観客が、冬の静かな空気と陽光のもとに集まっていた。

東芝は三洋電機ワイルドナイツとの決勝戦に挑んだ。スタンド下からグラウンドに出れば、何と、敵味方を問わず全てのファンから声援が送られた。

試合直前までピッチに入らないようにしている大野はそれを見た瞬間、心拍数の高まりを感じた。

「ああいう状況でしたから、応援してもらえないんじゃないかと思っていたので」

キックオフ。

背番号5は、前半36分の先制トライに繋がるパスを放った。身体を真正面からぶつけて相手をねじ伏せる。そんなシンプルなチームの方針にいつも通り従った。

終盤、足を攣《つ》らせた。隙を見てそれをぐい、ぐいと伸ばした。最後まで冬枯れた天然芝の上に立ち続けた。満身創痍だった。17―6の勝利に、あまり笑顔を見せなかった。身体は大丈夫なのか。「どこかが痛いのは、この時期になれば皆、同じことなので」。本人は即答した。

一連の戦いをテレビで観ていた瀬川は、マン・オブ・ザ・マッチに輝いたサントリー戦について振り返った。

「この試合をやりきるんだ、百パーセント出し切るんだという気持ちが全身からみなぎっていた」

監督として、大野をどんな選手と捉えていたか。

「きつい時に頼りになる選手。チームの調子がいい時はある程度、誰でも活躍できる。でも調子が悪くなると、チームのラグビーがおかしいんじゃないかとか、ネガティブな発想が出てくる。ただキンちゃんは、どんな時でもやれることをやろうとする。ベストを出す。出す努力をする。こういうタイプの選手、なかなかいないですよ」

不動の代表選手にとって再確認のシーズンだったのが、翌二〇〇九年度である。

この年、サントリーの新人、真壁伸弥がブレイクした。

がむしゃらに駆け回るロックである。仙台工業高校、中央大学と、あまり強豪とは言われないラグビー部の出身だった。選手としての特徴も歩んできた道も、すっかり出世していた長髪の大きな男性とどこか似通っていた。

三十一歳だった大野は、本人の意思とは関係なく「ベテラン」と呼ばれるようになっていた。それを甘受する気がなくても、場面ごとの力の入れ具合に無意識のうちにメリハリをつけてしまっていた。きっと、大きな試合を人よりも多く経験してきたためだ。

「そんな中、真壁は鼻息をフガフガ言わせながら全部の局面に突っ込んでくる。自分が忘れかけていたものを思い出させてもらったなって」

秋の日本代表の活動でともに過ごして以来、大野は真壁と会うごとに「頑張れよ」と「でも、お前なんかに負けない」を繰り返した。中央大卒のロックがトップリーグ二〇〇九年度の最優秀新人賞を獲得した一方、こちらはＭＶＰを獲得した。

当時のルーキーは笑う。

「お前なんかに負けないって、本当でしたね」

大野の記憶にはないものの、実は、二人の出会いはその四年ほど前にあった。

いつか福島からやってきた青年のように、学生時代の真壁は東芝の練習に体験参加していたのだ。練習後、クラブハウスの隅で帰り支度を整えていると、大野に声をかけられた。

「東北人か」

「はい。宮城です」

「飲兵衛《のんべえ》だろ」

トップリーグで東芝とサントリーが対決する一週間前になると、大野は自分の携帯電話のメモリーから「真壁」を探す。前哨戦《ぜんしょうせん》やるぞ。〇八年度のそれは、京王線分倍河原駅近くの飲食店で開催された。ありとあらゆる意味で先輩選手が勝った。

「キンちゃんの自チームのリーダーへの思いはすごい」

そう語るのは、「キンちゃん待ち」について証言した豊田だった。二〇一一年度からのキャプテン就任が決まった際、大野から低い声で告げられたのだ。

「今年はお前を勝たせるから」

JKの愛称を持つ日本代表のジョン・カーワン・ヘッドコーチに対しても、同じ態度で接する。「JKをオトコにしたい」。報道陣の前でそう宣言したこともあった。

「リーダーに対するリスペクトは必要。確かに疑問を持ったことに対しては意見を言うようにしてますけど、あからさまにお前の言うことは聞かないよという態度はとらない。自分のことを伝えて意見を聞いて、いい方向に持って行きたいなと考えているので」

忠誠心の塊のような人は、東芝ラグビー部を撮影し続けるカメラマンの志賀由佳さんにこう見られている。

「試合で勝ったあとも、なぜか感情を爆発させせない」

大一番を制して誰もが大喜びしている時、あまり表情を崩さないようだった。

自分の残してきた「伝説」についても、まるで苦笑しているかのような顔で淡々と振り返る。超人だ。そう言われると、超人的な仕事をする人特有の恥じらう様子を見せる。

二〇一一年五月二十九日、幼き息子をあやしながら語った。

「確かにちょっと話が大きくなっているところもあるかもしれないです。でも、あまり気にしていません。それはそれでありがたい、と言ったらおかしいんですけど。自分は普通のことをやってきただけだと思ってます。ラグビーが好きで、好きなことを一生懸命やってたら東芝に誘ってもらって、東芝でも試合に出たいから一生懸命やってたら、出してもらって、それが日本代表に繋がって。よっぽどフルタイムで働いている会社員の方のほうが凄いなって。自分は好きなことを、サポートを受けてやらせてもらっているだけなので」

日本を代表する選手として、今秋に開かれる四年に一度のワールドカップへの気持ちは。

地元の郡山市も襲った大きな地震、外国人過多との批判を受ける現在のナショナルチーム。

それらを踏まえて答えるのだった。

「やっぱり今年は三月に大震災があった。自分らが何かを与えることはできないですけど、注目度の高い大会で日本代表が今までにない成績を収めて、被災した人たちに対して特別な気持ちを持っているということが伝われば、と。小さいことかもしれないですけど。あとは個人的には二回目のワールドカップで、ジャパンに外国人が多いと言われる中で、絶対に結果を出さないといけない」

ワールドカップ、何のために戦うか。

「日本ラグビーのためじゃないですか。他にも色々とあると思いますけど、日本ラグビーのために」

遡って二〇一〇年二月一日、東芝の二連覇で幕を終えたプレーオフ決勝翌日の表彰式。都内ホテルの会場に響く自分の名前を聞き、大野は変な汗をかいた。二〇〇九年度トップリーグのＭＶＰの発表が、本人への事前通告なしに行われたからだ。

壇上でマイクを握り、言った。

「昨日はおいしいお酒をたくさん飲んだのですが、全部、吹っ飛びました」

普段から、大野の周りには新聞記者の輪ができる。

戦う側のマインドを簡潔に表す低い声に、皆、聞き入る。適当な理由を付けてその場を立ち去るのではなく、大野も求めに応じるのだ。それは本来ならばすぐ医師に診てもらわねばならぬ試合後も同じだった。一緒にタクシーに乗って病院へ移動するつもりだったチームメイトが、待ちくたびれて先に行ってしまったこともある。

この式典後も、会場の片付けが始まる頃まで取材が続いた。

話題は「前日の決勝戦を通して減った体重」と「試合後の夜にはどれくらい飲んだのか」になった。答えはそれぞれ「四キロ」と「四リットル」だった。それ、危険ですね。輪の中の一人が率直に聞いた。

ゼミナールで発表原稿を読む学部生の口調で、大野は答えた。

「さすがに気分が悪くなりました」

回転寿司の巻

堀江翔太

写真　出村謙知

上位四強によるプレーオフで優勝した夜は、夜遅くまで酒を飲んだ。

そのまま都内の宿になだれ込んだ。翌日の昼過ぎ、前年九月から一月まで行われたリーグ戦の表彰式に酔いがさめぬまま出席した。二年連続で招待されていた。

正直なところ、このコンディションで慣れないスーツを着て式典に参加するのは辛すぎる。日本最高峰ラグビートップリーグ二〇一〇年度王者の三洋電機ワイルドナイツに所属、この時二十五歳の堀江翔太は錆びついていた。

「今年もベストフィフティーンに選ばれて嬉しく思います。来年もまたこの場に立てるように精進して頑張っていきたいと思います」

壇上での短いスピーチを要するベストフィフティーンの受賞を淡々と済ませた。

早よ、終わらんかな。そんな思いが頭をもたげた。

最後に発表される予定だったシーズンMVPは、前日までの短期決戦で最優秀選手となったチームメイトの山田章仁《あきひと》だろう。他所《よそ》の選手たちの小声による雑談からもそう聞こえた。

少なくとも自分ではない。こうした大切なことは前もって通告があるはずだ。堀江は何の疑いもなくそう思っていた。加盟十四チームの監督、キャプテン、記者の投票によるベストフイフティーンに選出されることは事前にクラブのスタッフから聞いていたが、それ以上の話は知らなかった。

間もなくクライマックスが訪れた。

ＭＶＰを発表します。司会者の威勢のよい声が上がった。

会場のスクリーンには、背番号2をつけた三洋電機の赤いジャージィの選手が走ったり、ぶつかったり、トライを決めたりしていた。

お前、出てるで。

チームメイトの田中史朗《ふみあき》は、堀江との共通言語である関西弁で呼びかけた。隣に座っていた当事者は、下を向いていた。式への興味が薄らいでいたのだ。

活躍する山田の脇にでも映っているのか。そう思って顔を上げてみた。確かに自分がプレーする試合の映像を確認できた。

ほんの数秒で、様子がおかしいことに気付いた。

やたら俺、映ってるなぁ。

司会者は続けて話をしていた。画面の中の選手についての特徴や経歴を説明していたのだ。

堀江翔太選手、前へ。

え、俺か。そんな気の利いたことは言えんぞ。どうやら自分がＭＶＰだと気付き、本人は戸惑った。とりあえず、言われた通りに前へ進んだ。

ヒーローが心から驚いていると理解した会場の人たちから、少し笑われているようだった。本人も呼ばれるまま壇上に足を運んだが、なぜそうしているのかはよくわからなかった。

ステージ上、ミディアムショートの黒髪をワックスで無造作にセットした大柄な青年は、背後に大写しにされた自分の顔写真をもう一度、見上げた。本当かなぁ。背中を反らせて顔を上げるその所作に、笑い声のボリュームはぐんと大きくなった。

ひと言どうぞ。

司会者にそう促された。もはや後には引けなかった。

「こういうのは事前に知らされるものだと思っていたので……。誰にも負けないつもりでやっていたので、それがMVPに繋がったと思います」

マイクの前で何とか言葉をひねり出した。普段から抑揚の少ない声を、さらに平板にするのだった。

本人は狐につままれた気分の発表だったが、周りの人々は予想の範囲内だと考えていた。もう一人のMVP候補で各所から「楕円球界のファンタジスタ」と称されている山田とて、この結果は当然だと思った。

「あいつだったら観に行きたいというか、ラグビーで一番面白い選手じゃないですか……あ、僕の次に」

堀江はフッカーというポジションを務める。大男が八人で組むスクラムの最前列中央で耐え、タッチラインの外に出されたボールをグラウンドに戻すラインアウトでは投入役を務める。そんな職人芸と下働きの位置にあって、責務を超過した動きを見せる。

球を持って雄大に駆ける。人だかりを力で蹴散らし、技で潜り抜ける。目の前の相手を引き付けて鋭く長いパスをする。そんな球技としてのラグビーの能力で冴えを見せるのだ。守っても身長一八〇センチ、体重百四キロの身体で斧のタックルを繰り出す。

肝は「ポジショニング」だと語る。

脳内にはグラウンド全体を上空から見たような画が浮かんでおり、その中で自分がどこに立てば球をもらえるか、どう動けばピンチが防げるかを常に想像している。

中学校時代は週末に吹田《すいた》ラグビースクールへと通う傍ら、吹田中学校のバスケットボール部にも入っていた。

三十秒以内にシュートを打つというルールのため、例えば「ちらっと見て右の風景を覚えて左にパスを放る」ことが求められた。そうしてラグビーでの「ポジショニング」の感覚を無意識のうちに身に付けた。

攻撃時は、その絶妙な立ち位置から敵の守備の人数、出方などを瞬時に目で認識する。最も前に進めそうな道筋を予測し、それをなぞって大きな突破を図る。

身体のフォルムからか。観た人にはこうした繊細な作業の産物も「力技による突破」だと思われてしまう。その向きにも笑うだけだった。

「僕の中ではよけて、よけてと前に進んでいるつもりなんですけど、皆からは全然そんなことないやんけって言われます」

突然のよい報せに素直に戸惑うあたりも堀江らしい。これも人々の実感だった。

帝京大監督の岩出雅之は、わかりやすい言葉で教え子を評した。

「スーパースターみたいなプレーするのに性格は素朴。だから皆から慕われる」

そのコントラストこそが真骨頂だ。

十五歳の翔太少年は、いくらか家族を気遣った。

小学五年生の頃に初めて触れた楕円球を引き続き追うにあたり、全国大会常連の私立校も視野に入れたが、結果的には公立である大阪府立島本高校に進んだ。ラグビー部が公立校のなかでは名前が知られていたこと、同じラグビースクールの二学年上の選手が在籍していたことにも、背中を押されたのだが。

高校の天野寛之監督には、自由自在に動き、自分がやりたいプレーを存分にするよう助言された。中学時代のバスケットで身に付けた空間把握能力は、存分に活かされた。

日本の実績ある私立高校運動部の一部にある封建的な上下関係とは無縁だったから、この人は穏やかなのだろう。そんな分析も周囲ではなされていたが、本人の実感は違った。

島本高のラグビー部でも、上の階に教室がある下級生が下の階の上級生と目が合ったら、階段を駆け下りてお辞儀をしなければならなかった。大人になった堀江は無邪気に思い出す。

「上からぱっと先輩が見えたら、向こう行くまで隠れてました。目が合ったら挨拶せなあかんから」

転機は高校二年生の冬だった。

二〇〇三年一二月九日、島本高は試合を行っていた。場所は花園ラグビー場で三つあるうちの「第3」と呼ばれるグラウンドだった。

そこへやって来たのが、帝京大の岩出だった。

「第1」で行われる日本選手権のサントリー戦を控え、少し早めに現地に入っていた。地元の高校生の試合を観るためだ。ウォーミングアップをする青少年たちを見ながらだったか。かねてから交流のあった島本高の関係者との雑談でこう聞いた。

ウチのホリエはいいよ。

その言葉を踏まえて試合を観ると、確かにホリエという選手が球を持ってぐいぐいと前に進んでいるのが確認できた。いわゆる「一目惚れ」をした。すぐに勧誘しようと決めた。果たして、目利きで知られた関係者の声がなければ、この選手を見つけられただろうか。その質問には答えようがなかった。

帝京大の意向を本人が知ったのは、高校三年になった春頃だったか。

当時、堀江は卒業後の進路について具体的には考えていなかった。競技を続けるならある程度は強いチームがいいと漠然と思ってはいたが、早稲田大学など全国的な有名校とは縁がなさそうだとも決め込んでいた。では、その次に強いところはどこなのか。そもそも日本の大学ラグビーの勢力図はどうなっているのか。そうした知識にも疎かった。

高校に来ていた筑波大学卒のコーチからの情報で、関西より関東の大学に力があるようだと知った。その折、関東大学対抗戦A所属の帝京大の話を聞いたのだった。

そこに二年早く行っていた同じ高校出身の須田浩平によれば、その大学のラグビー部は、入部志願者のセレクションも行っているようだった。セレクションをするくらいだから、それなりの実力はあるのだろう。どんなチームなのかはよくわからないが、とりあえず入ってみよう。決心した。親に学費を出してくれるよう頼んだ。

十二月、十九歳以下日本代表に選ばれ、アジア大会で存在感を示した。

高校卒業後の四月に南アフリカであった世界選手権大会でも、十二日に強豪のスコットランドを28―22で下した一員となった。後のトップリーグ表彰式で隣に座っていた田中は当時のキャプテンだった。

ＭＶＰ候補だった山田も、そこで堀江と出会った一人である。

「えぐかったですよ。一人でバチバチ行っていたし。局面を変えられる選手だなって」

そんな風に十代の頃の情景を振り返り、別の場所でこう言った。

「将来の日本ラグビーは僕と堀江に任せておけって感じなんですけど」

世界大会から帰国した堀江は、帝京大のラグビー用人工芝に足を踏み入れた。それは東京の多摩地区の小高い丘をくり抜いて造られた、日野市百草園《もぐさえん》の住宅街にあった。

初めて触れる整備された環境と、繊細なラグビーのシステムに本人は驚いた。が、岩出は改めて、府立高出身の新入生の「バランスのよさ」に感嘆した。

タックラーがぶつけようとしているのとは逆側の肩に自分の身体を当てる。狭いエリアのわずかにある隙間へまっすぐ駆け込んで球をもらう。いずれ高く評価されるこれらの才覚は、大学で指導されなくとも備わっていた。

「ラグビーの楽しさを教えてくれた」という吹田ラグビースクール時代のコーチに、「すぐに倒れないように、とは教えてもらった」。本人はそう言った。

「こういう風に当たれって。あとは身体が勝手に」

ワンプレーだけで終わりになるトレーニングメニューでは、その「次」を想定して一人、さらに何歩か走っていた。

頭に浮かぶ景色と的確な「ポジショニング」へのルートをイメージする。この姿勢もすでに持ち合わせていたのだ。

「次の風景のところへ行く感じで」

身体の強さ。これも長所とされた。

春先のある場面を、同級生で最後の年は副キャプテンとなる猿渡知《さわたりさとる》は思い出す。

練習中、堀江が当時の主力格を一撃でふっ飛ばしてしまったのだ。とんでもないことが起こった。そんな空気で周りを凍りつかせた。

山田ら他大学に進んだ実力ある同級生たちと一緒のステージに立ちたいと、堀江は率先して居残り練習をしていた。

そこに挑んだのは、二歳下の野口真寛《まさひろ》だった。二〇〇九年度キャプテンとしてチーム史上初の大学日本一を果たす坊主頭の男子である。一対一の勝負を繰り返し、抜かれ、止められた。やけになりレスリングの技をかけてみた。返り討ちにあった。腕力そのものでは後輩に一日の長があったが、先輩は「身体の使い方とか」で「遊び」の勝負を制した。

なお、後に三洋電機からプロ選手としての年棒が振り込まれた時は、野口ら当時の下級生を何人か連れ、回転寿司店や大手中華料理チェーン店「餃子の王将」で食べられるだけ食べるという催しをした。ここでも在校生が倒れた。卒業生は言った。

「値段はそんなにしなかったです。おい、もっと食えよと」

在学中から普段は物静かだった。部屋ではギターを弾き、映画は単館上映系のスローテンポな邦画を好んだ。アルコールは嫌いではないが、大学の皆が飲みに出かける中、一人で寮にこもったりもした。とはいえ「王将」の件に証明されるように、本当の意味で他人に興味のない人ではなかった。

プレイヤーとして図抜けており、下級生に対して全く偉ぶらない堀江は四年生の時、仲間に推されてキャプテンになった。

「同級生にやってくれと言われて、やるしかないなぁと」

決して前向きな就任ではなく、実際、周りを言葉で鼓舞《こぶ》することは少なかった。そんな中、二学年後輩の徳永亮は「ショウタ」がいいリーダーだったと強調する。

熊本西高校から立命館大学入りも、不整脈が見つかったこともありモチベーションが低下、そのまま退学した徳永は、同期よりも二年遅れで帝京大に入っていた。地元へ帰り、高校のOBを中心としたブルドッグスというクラブでプレーしていたところを岩出に誘われたのだ。堀江とは同い年だった。

帝京大一年目の二〇〇七年五月十九日、自分たちのグラウンドにかつて在籍した立命館大を迎え、練習試合をすることとなった。出場が決まっていた徳永は緊張したが、前日のミーティングで、キャプテンは皆に声をかけた。

明日はトクのいた学校と試合だから、圧倒的な勝利を決めよう。そんな意味合いのスラング交じりの関西弁だった。

数年後、それを発言者は覚えていなかった。

「言ってるんですねぇ、熱いこと」

ゲームは帝京大が123―5で勝利した。

話主が忘れていた言葉を鮮明に記憶する徳永は、二〇一〇年、野口とともにリコーブラックラムズに入った。堀江と同じトップリーグという舞台に立とうとしている。身近なジャパン選手の存在を励みとする。

自身は「ただラグビーしてただけ。キャプテンシーも何もない」と笑う堀江キャプテンの代は、帝京大にとって五年ぶり二回目の大学選手権四強入りを果たした。

翌年、チームは初めて同選手権の決勝戦に駒を進め、その次のシーズン以降、二年連続で優勝している。


二〇〇八年二月、大学卒業に先立ち堀江はニュージーランドに飛んだ。

カンタベリー協会から帝京大のコーチに来ていたスティーブン・ドッジの勧めで、同州のアカデミーに進んだ。そこは国内選手権であるエアニュージーランドカップのカンタベリー代表に加え、南半球最高峰のスーパー15の前身、スーパー14の強豪クラブへの道も開かれた環境だ。地域内の指定されたクラブでプレーしながら特別指導を受け、プロ契約と同時にそこを抜けるシステムとなっている。サバイバルの現場である。

キャプテン経験もある堀江は、企業チームから入部の誘いを受けていた。が、海外で挑戦するならなるべく早いほうがいいだろうと思った。費用はなんとか両親に工面してもらえた。

高校、大学時代はナンバーエイトという大型選手が務めるポジションを主に任されたが、渡航後はフッカーに転向した。新しい働き場に慣れるよう、一年目は試合出場の可能性が高いとされたカンタベリーユニバーシティー入りを命じられた。

現地に着いてから二週間で試合をした。世界的には「ラグビー発展途上国」とされる日本の選手だからか、最初はパスをもらえなかった。こぼれ球を拾ってそのまま相手をかわすなど、突発的な動きで自分をアピールするしかなかった。

アカデミーの他の選手と四人で共同生活をしていたが、やや生活苦でもあった。親からまとめて多めに渡されていたお金を、少しずつ切り崩して過ごした。

そんな中、基本的には母国に住むドッジに目をかけられた。

留学当初、住処《すみか》が見つかるまではホームステイさせてもらった。そこから車で十分程度の場所にあるフラットで共同生活を始めてからも、よく家に行った。

「秘密の鍵の場所も知っていたんで、勝手に入ってネットしたり、飯食ったり」

帝京大のキャプテン時代は率先して寮の玄関の掃除をしていたものの、一切の監視の目がなくなったニュージーランドでは、よく部屋を散らかしていた。学生の頃は、「掃除は頑張ってしてた」のだ。

ラガーマンとしては、半年後にはクラブの信頼を勝ち得た。何度となく突破を見せ、次第にパスが飛んでくるようになった。

カンタベリーで最上位にあたるA代表、続くB代表の下の「メトロ代表」に名前が入った。ただ、その代表が参加するリーグは試合数が少ないため、秋以降は日本でプレーすることにした。同州の協会のアシュリー・ジョーンズがアドバイザーを務める三洋電機に在籍した。

日本でのシーズンを終え、再びカンタベリーへ行った。もう日本には戻らない。何としても現地でプロ契約を勝ち取る。その決意は当時の三洋電機の面々にも伝えた。逆にこの年に何も得られなかったら帰国するつもりでもいた。ずるずると時間を引き延ばして自分を見失うことだけはまずいだろうと、渡航を決める前から思っていた。

二年目、セントビーズ校で「日本人ラグビー留学生の面倒を見る」仕事をしながらクライストチャーチオールドボーイズでプレーした。

現地のコーチには確かに認められた。アカデミーにいる四人のフッカーのうち、二番手に位置しているようだ。そんな情報は当時の三洋電機の関係者、さらには帝京大の岩出のもとにも届いていた。若くしてラグビー王国とされる地でプロ契約を結ぶ。そんな日本人ラガーマンとして異例の事態が起こるかもしれない。本人をよく知る何人かは色めき立った。

が、現地にあったのは、もしかしたらかすかな「差別」の匂いだった。

当時所属していたホンダヒートの費用でニュージーランドに留学していた山田に、アカデミーで四苦八苦する堀江はこんな呟きを残したようだ。

やっぱりコーチは、ずっとおる奴を使いたいよな。

二十二歳でアカデミーに入った日本人と、それ以前から揉まれていた現地の若者。全く同じ実力であればどちらが優先されるかは、理解できてしまう年齢だった。

むしろ、ジャパニーズが上回っていても、それに準ずる評価がなされないこともあったのでは。頷《うなず》かざるを得なかった。

「そう思いたくないですけど、あるかもしれないですよね。カンタベリーの上の人が選手を決めるとしたら、日本人は選びにくいんじゃないですかね」

八月、カンタベリー州代表のメンバーに、練習スケジュールについての連絡が来る日になっても、堀江には何の音沙汰もなかった。

「いいのか、あかんのか、早く言ってください」

もし契約できなかった場合は、八月末日に設定されたトップリーグの選手登録期限に間に合うよう日本に帰らねばならない。事務所に状況を聞きに行き、告げられた。

「フッカーは違う二選手と二年契約を交わした。これまで通り施設は使っていいけど、君のチャンスは少なくなるだろう」

それは構想外を意味していた。

だが、自分を推してくれたコーチもいるにはいた。周りからそう聞いた。

「その言葉を信じます、ありがとうございますと言って帰ってきました」

登録期限ぎりぎりで三洋電機と再契約した。

前年度の終わりに、無理に引き止められなかったことで出戻って来やすかったのかもしれない。周りのプレイヤーはそう思った。本人は、一度プレーした時の「雰囲気がよくて、僕が好きなラグビーをしていた」という記憶を頼りに復帰を決めた。

開幕前に発売される公式選手名鑑への顔写真掲載の〆切りには、間に合わなかった。


二〇〇九年度、いくらか心に穴の開いた時期を過ごしてからは、本来の姿のラグビー選手となった。スクラムやラインアウトには発展途上の感があると本人も認めたが、機動力を活かしてチームに新しい息を吹き込んだ。

当初、後半途中から入るインパクトプレイヤーという立場で相手に止《とど》めを刺していた。

「これ、無策な私にしてはいい考えだなと思いましたよ」

監督だった飯島均《ひとし》は憎めぬ自虐とともに説明した。

「でも、日本ラグビーにおいて、だんだん無視できない存在になったでしょう」

いつしかその「無視できない」人に、不動のスタメンの座を与えた。

チームのレギュラーに完全に定着する前から、堀江は日本代表にも選ばれるようになった。

二〇〇九年十一月十五日、ユアテックスタジアム仙台でのカナダ戦に先発した。国同士の公式戦出場を意味するテストマッチのキャップを取得、初トライも決めた。

「勝たなあかんなって。走りまくって、1トライくらい取れたらなって気持ちでやってましたよ」

　そのシーズンのトップリーグではベストフィフティーンを受賞した。フッカー特有の技術も徐々に身に付け、突破力を活かすための「ポジショニング」にも磨きをかけた。

「間《ま》を作る。休めるところは休む」

がむしゃらに動き回ればかえって効果は少ない。少し時間を置いてサポートに入れば、ちょうど味方が出したボールを持って大きく突破できる。だから、「間を作る」。そんな感覚を新たにインストールさせたのだ。

　翌年度、MVPを獲得した頃には、その存在は日本楕円球界の至宝の一人として扱われるようになった。

　海外挑戦の意志も、捨ててはいなかった。

「挑戦することを皆が認めてくれて、嬉しい。頑張らなあかんと思います」

本人にとっては予想外の展開だった表彰式後、報道陣に囲まれた飯島はこう言うのだった。

「むしろスーパー15の関係者がいたら、堀江はどうですかと言っているくらい。夢を持っている若者がそれを叶えようとする時、足枷《あしかせ》をつけたらいい結果にならないと思うんですよね。むしろ応援した方が、挑戦が終わったら帰ってきてくれる。それだけじゃなく、これからそういう夢を持った他の選手がウチを選んでくれるようになるかもしれない」

なお生来の「素朴」とされる人間性は、海を渡った後も不変だった。

例えば選手同士の食事会で皆がビールを注文する。健康管理の観点から二杯目以降をノンアルコール飲料にする際、スマートに切り替えたくても周りから必ず指摘を受ける。もうウーロン茶か、と。

そういうことがシーズン中にたまにあり、結局、気圧《けお》されて酒を頼んでしまう。けん玉、沖縄三味線。趣味は相変わらずインドアに分類された。


帝京大の卒業生は、口を揃えて「堀江さんのことを悪く言う人はいない」と言った。

副キャプテンとしてキャプテンの「ショウタ」を支え、二〇〇九年度から神戸製鋼コベルコスティーラーズでプロラガーマンとなる猿渡は、少し風変わりな心配をしていた。

「これだけいい話ばかりで……。あいつが、そういうイメージを演じなきゃいけないなんて思わないといいですけど」

激しくも多彩なプレーを続ける堀江は、いつも平然としている。何かを聞かれれば、常に飾り気のない言葉を放つ。

「ラグビー観……。あんまり話したことないですね。話したくないわけじゃないですけど、聞かれなきゃ出てこないところもあるじゃないですか。あんまり人に言って押し付けたりするのもあかんし。まだコーチじゃないから」

自分の理論を周りにぶつけない向きを指摘されたら、こう返すのだ。

忙《せわ》しない世相にあって、どうしてそんな風に立ち振る舞えるのか。

もともと堀江と仲がよく、二〇一〇年度からチームメイトとなった山田はこう捉える。

「自信があるんじゃないですか。やっぱり留学が大きいと思う。向こうの奴に対してもいける、いけると話してました。試合でも、圧倒的に凌駕《りょうが》してましたよ。スーパー15、行きたいって。負けず嫌いで、それを内に秘める感じはあるかもしれないですね。チームは堀江に気を遣って、連戦の途中でメンバーから外すことがあった。それはきっと休養に近い感じだったけど、あいつはショックを受けてるっぽかった」

自らも主張の少なさの理由に「負けん気」を挙げた。

「試合が始まると相手に弱みを見せたくないという負けず嫌いなところがあって。表情に出さんとこ、平然な顔しとこ、というのは昔からあると思います。スクールの時くらいからですかね。タックルされて、痛い顔するのは負けた気がして」

どれだけその場にうずくまりたくても、「普通」の顔で立つ。異国の地で思い通りに行かぬ体験をしても、「普通」の話として振り返る。それがこの人の美学だった。ラグビーによって身に付いたものかどうかは、本人の記憶と意識を辿《たど》っても答えは出なかった。

二〇一一年秋、四年に一度の世界大会に日本代表の一員としてニュージーランドに凱旋することが濃厚な堀江は、その年の春、ソフトアフロの髪と無精髭をそのままに決意を語った。

ワールドカップ、何のために戦うか。

「そうですねぇ。自分のためが一番だと思います。僕はそんなに気が利かないんで、これが本音です。人のため、親のため、友達のためという気持ちは、身内にそうそう何かがないとね。自分のためにと言って、全部出し切って悔いがないようにやったら、間接的に周りのためにもなっているとも思うんで。自分のために。それは普通の試合でもそうですよ。チームのためが前提ですけど、チームが勝つというのは自分のためにでもある。あとから負けて悔しかったことを思い出す、ああしとけばよかったなと思い出す。そういうのはしたくない。あん時はタックルせずにびびったな、とか周りに言われるのも嫌なんで」

大会中の活躍は、世界のマーケットへの大きなアピールポイントとなるだろう。もちろんその可能性とて、堀江は認識している。

「そうですね。はい」


五月二十五日、正午。

群馬県太田市にある三洋電機改め、パナソニックラグビー部のトレーニングルーム。

映画『ロッキー』のテーマソングが流れている。

向こう側では、二十五歳の男性が黄色いうめき声を上げる。

前年度末に強い違和感を覚えた左肩と、春の代表遠征中に痛めて手術した右足首のリハビリに取り組んでいるのだ。

ジョン・カーワン・ヘッドコーチからの要望で参加が決まった六月一日からの宮崎合宿でも、一人きりの鍛錬を続けることとなる。

来るべき本番に向け、表面上は淡々と、負けない己を用意している。

自分のために。

消毒液の巻

小野澤宏時

写真　長尾亜紀

東北楽天ゴールデンイーグルスの田中将大がプロ入り初完封を決めた瞬間、中日ドラゴンズを愛するサントリーサンゴリアス所属のラガーマン、小野澤宏時《ひろとき》は少し辛かった。

二〇〇七年六月十三日。仙台遠征中のラグビー日本代表はオフを利用し、当時の名称でいうフルキャストスタジアム宮城にいた。選手の一人が知人を介し、その日の楽天対中日戦の「楽天側」チケットを入手、後に辛くなる人を含め数人で出かけていたのだ。

いずれにせよ観戦の意思があり、「中日側」チケットをいくらか用意していた小野澤だが、自分だけ反旗を翻《ひるがえ》すわけにもいかないと思った。皆に従い、当日は「楽天側」に座った。

一回裏、限界が訪れた。

中日と同じく愛知県に本拠を置くトヨタ自動車ヴェルブリッツの選手を連れ、移動した。あらかじめ持っていたチケットを使ったのである。

一九九八年度ドラゴンズに入団しエースとして君臨、後に海を渡る川上憲伸投手の影響か。二〇〇五年誕生の長男には「謙真」と名付けており、座席を変えた楽天戦の他にも、スタジアムに足を運んだ形跡はあちこちに見られる。ジャパンの仕留め役である小野澤の中日への思いは、楕円球界では有名なのだ。

試合は投手戦だったが、八回裏に大きく動いた。

ホームの楽天が一挙に得点した。4―0。マー君の愛称で知られる人気投手が一人で最後まで投げ切った。これは結局は見送ることとなったが、小野澤は次の日も球場に行くと言った。

ちなみに二〇〇八年に生まれた次男の名は志真《しま》とつけた。二人の子どもの名には「真」の字を入れている。少し下を向いて言った。

「親父が偽者なので、子どもは本物になって欲しいなって」

執着。それは趣味にも現れる。

静岡聖光学院高等部三年の冬、中央大学進学を決め、部活以外では卒業式まで通学予定のなかった小野澤は、自宅から学校までをマウンテンバイクで約三時間かけて通うようになった。足腰を鍛える一環で、当時ラグビー部監督の葛西祥文《よしふみ》に勧められたのだ。

同じ時期に読み始めた曽田正人による自転車漫画『シャカリキ！』の影響で、宏時青年は本格的なロードレース用のマシンに興味を持つようにもなった。無論、それらは高額だったため実際に手は出せなかったが、大人になり、食指を伸ばすこととなる。

明日から中大は皆、チャリ。

サントリーに入ってからのある日、同じ大学から来た長谷川慎が部内で自転車ブームを起こさんとしていた。後輩の小野澤は、言い出しっぺの先輩から自転車雑誌を借りた。ホイール、シート、タイヤ、ボディと一つひとつの部品の機能性にこだわるようになった。長谷川がプレイヤーを引退、同部コーチを務め、やがてヤマハ発動機ジュビロに働き場を移した頃には、自称「『シャカリキ！』世代」がチーム一の自転車愛好家となっていた。自宅とグラウンドの往復でサイクリングをしようとする同僚に「ツール・ド・フランスでは……」。怖いほど知識が豊富だと微笑まれた。

背番号11。これにも強い興味と関心を示す。

ラグビーではポジションごとに背番号が決まっており、11番はゴールエリアにボールを置き一挙5得点というトライを求められるポジション、ウイングの左側の選手に与えられる。小野澤の主な定位置でもある。

一般的には逆側のウイングの14番がエースだとの向きもあるが、「14より11の方が尖っている感じがあるかな」と本人は思うのだ。

他の位置を任されても同じナンバーのジャージィを纏《まと》うこともあった。もちろん、それは周りに「11番を着て欲しい」と思われたからこそなのだが、元中日の川上、日本サッカー界のキングこと三浦知良と、各競技で柱とされる選手がこの数字を背負うこととも、「11」への憧憬《しょうけい》は無関係ではない。

一九七八年生まれのプロラガーマンは、一つのことを突き詰める思考回路を持っている。

「基本、ラグビーやってなかったらオタクだったと思う。一人の時間も多かったので」

私立の静岡聖光に通った中高生の時は金谷駅―静岡駅間を片道二時間、大井川鐵道に揺られた。静岡駅から学校までスクールバスがあったが、「集団スポーツをやっているのに集団が苦手」なためそれを避けた。一人、停留所から少し離れた場所に置いていた自転車で校門を通った。卒業間近のマウンテンバイクの時期も当然、一人だった。

あえて一人になった体験で、絶対唯一の自分になるための考え方を作った。ドラゴンズ、サイクリング、バックナンバー11への偏愛は、きっとそれと繋がっている。

過去ワールドカップ二大会連続出場。

二〇一一年五月二十一日、国同士の公式試合出場を意味するキャップ数を国内歴代三位の60とし、同トライ数は世界歴代十位の42をマークした。

身長一八〇センチ、体重八十五キロの強くしなやかな体躯《たいく》をしならせ人垣をすり抜けるさまは、国内外で「うなぎステップ」とか「ゴム人間」などと称される。

そんな小野澤の根っこを貫くキーワードは、「自己完結」だ。

JR府中本町駅から徒歩十五分、多摩川沿いのランニングコースの手前にあるサントリーの練習場には、橙色《だいだい》のレンガ造りのクラブハウスがある。

その左奥にはウエイトトレーニングルームがあり、小学校の用務員室程度のスペースに、無機質な器具が規則正しく並んでいる。

そこは「11番」が自分を見つめる場所である。

ウエイトトレーニングにハイクリーンというメニューがある。

手から吊り下げた大きなバーベルをジャンプしながら全身でぐいっと跳ね上げ、瞬発力、全身の連動性を身に付ける練習だ。チームには、二〇〇四年にストレングスコーチとなった新田博昭により伝えられた。

元日本代表で引退後はサントリーのチームディレクターの坂田正彰は語る。

二〇〇三年オーストラリアワールドカップ代表でもチームメイトだった身長一八〇センチ、体重八十五キロのアスリートの特徴を。

「あの身体ですごい筋肉ですし、フィットネス、柔軟性もある。自分の持っている素質にプラスして、努力もした。自分のトレーニングのルーティーンは、どこに行ってもやっているんです」

府中の小さな部屋で、あるいは地方の遠征先でも、小野澤はハイクリーンを通して身体のメンテナンスをしている。

ボールを持ち、相手がタックルの手を伸ばせないぎりぎりの領域へと瞬時に身体を移動させる。あるいはそのために芝を深く踏み込んで「前への推進力を止める」。国際級の試合で必要なこうしたスキルと、ハイクリーンが身体に与える感触は確かにリンクしている。そう感じるのだ。

　時期、体調によって重さや回数を工夫し、バーベルを持ち上げる。疲れが溜まっている時でもこれくらいの重さなら持ち上げられるという数値を、「調子の波の下限」として知っておく。すなわち「最低限を数値として認識する」。そうして週末の試合で出せるパフォーマンスを予測し、心身の準備を施す。もはやハイクリーンを鍛錬というより、「負荷をコントロールするストレッチ」と捉えている。

「チームの調子は個人だけを見てもわからない。でも自分の身体のことだけは自己完結できる。自分個人の最低限の準備としてやっています。自分の調子がいいという感覚だけでなく、数値で調子を捉えると安心できるので」

　静岡聖光の中等部で初めて楕円球に触れた。

　文武両道の方針から練習は週二日と限られていたが、元日本代表でかつて「マムシの葛西」と呼ばれた葛西の指導を受けた。

　倒れるな。どうやったら倒れないかは自分で考えろ。そう言われ続けた。まだこの国のスポーツ界で「体幹トレーニング」という言葉が流行していない当時から、身体の幹を鍛えた。中央大に進んでからも、倒れずに進むランナーに何が必要かを考え、行動してきた。

「確かに、倒れなかったらトライじゃないですか。ベースは昔からかわらない。チームがコーチングを受けても、個人の部分は、倒れるな。そのために現時点でしなきゃいけないことが違うだけで、結局、倒れるな、です」

倒れないために、三十三歳現在で行うのがハイクリーンだった。トレーニングのルーティーンを確立させていると同時に、自己がどんな状況なのかを常に確認し、過不足なく表現する。それも「たった一人」の時間が長かった小野澤の特徴だ。

メディカルスタッフに治療を頼む場合、例えば「首が痛い」という抽象的な感覚を「首のこの筋が痛く、このポイントに針を打てば治る」と、具体的な事象として話す。

己のありようを把握する。それは大事なことか。

「だと思います。不確定なことはラグビーだけにしておけば面倒臭くないじゃないですか。でも、それは自分が性格上、不安でないという精神状態になるために必要なのであって、人には強制できないですけど」

自分を知り、あるいは自分を知るための知識を得て、自分を高水準に保つための生き方を徹底する。そうしてサントリーとプロ選手契約を結び続けている。それでいて焼肉や甘い物も好きなようだから、人間は面白いのだが。

二〇一一年からヤマハ発動機ジュビロで指揮を執る清宮克幸は、サントリーの監督として小野澤と接していた折、こんな話をしている。

「小野澤は、すごく身体が強い。全治六ヶ月と言われた怪我を、二、三ヶ月で治したこともあるんです」

本人はこう返す。

「そりゃ、六ヶ月と言われたらもっと早く治したくなるでしょう。トレーナーを驚かせたいって。びっくりされたいんです。で、普通の顔をする」

二〇〇九年度のサントリーのキャプテン、佐々木隆道は言う。

日本代表としても行動をともにしたことのある小野澤が、自分に課したミッションを果たした際の雰囲気について。

「あまり表に出すのが格好いいとは思っていない人。トライ王を取った時の笑顔を見ると、取りたかったんだなって思います」

人々に驚きを与え、平静を装う。そこに楽しさや美学を見出す。果実を得た時の喜びはなるたけこっそりと表現する。

自己分析力と同じく、これも「11番」を象《かたど》るパートだ。

スポーツ報道に携わる人たちが小野澤の印象を語ったら、大概は「プレーと同じように掴みどころがない」と言いそうだ。

試合後の取材が長引けば、大一番を制したあとでも「僕のコメント、だんだんいい加減になっていきます。ちゃんとした話を聞きたい人は他の人のところへ行った方がいいですよ」と周りを笑わせる。それでも目の前から離れない記者に何とか思いを伝えようとするが、結局、しばしば話題は「だんだんいい加減に」の論調になる。

そんな小野澤は二〇〇八年十月十三日、国内上位十四チームによるジャパンラグビートップリーグで、史上初の通算50トライを達成した。

直後は「周りがあといくつ、あといくつって言う。これでやっと数字を意識しなくて済む」と語った。

最多トライゲッター賞に二年連続で輝いた二〇一〇年度リーグ戦終了後は、監督経験もある土田雅人強化本部長の名を挙げ、こんな感想を述べた。

「多方面からのプレッシャーが常にかけられていた。土田さんから今日は5個、とか。期待されていると思いながら、グラグラしていました」

不思議とされる発言を繰り返す一方、本質的には誠実だ。

初対面の人物から名刺を出された時、決まって両手と両足を揃えて背筋を伸ばし、少し目を見開いてお辞儀とともに受け取る。

さらにサントリーに入りたての新人選手は大抵、小野澤の発する柔らかな雰囲気に驚く。日本ラグビー界には第三者をぞんざいに扱う選手は少ないが、特に、代表歴の長いウイングの現役選手は後輩にまで腰が低いと目される。

本人は自らを「人見知り」だと認める。

「でも、人見知りって大人だと恥ずかしい感じもあるじゃないですか。だから会話が簡潔に終了するようにしています」

　メディア関係者にものを話す時も、根っこの部分ではこう考えている。

「年々、不確定なことをコメントできなくなってくる。自分に関係する自分以外のことは、簡単には言い切れなくて。相手を十回抜いて、相手より優れていましたねなんて聞かれても、それは相手の方が身体能力高いのに、たまたまどこかに穴が開いていて滑っているだけかもしれないじゃないですか。十回とも。一対一ですらそうなのに、味方に十四人、相手に十五人もいたらもはや僕にはわからない。自分のことは説明できるんですけど、対相手の比較論は歯切れ悪いですよ」

　短時間で端的な結論を示さねばならぬテレビのインタビューは少し、苦手である。

「一つの要素ではものごとを言い切れない。そうなると短い時間でぽんと言うことができない。こうで、こうで、こうで……と話すと長くなっちゃう。活字系メディアだと伝わるまでワンクッションあるので大丈夫ですけど、テレビ向きじゃないなと考えています」

　素人ですからとの言い訳をしやすい自転車番組のそれは、大歓迎だと笑った。


　グラウンドを離れればとらえどころのない発言をする小野澤だが、坂田によれば「負けず嫌い。試合前にロッカーに入ると変わりますよ、顔」。他の部員にも「ウォーミングアップからテンション上げている。試合中の指示の声は凄い」と認識されている。

二〇〇九年度のキャプテンだった佐々木隆道はこんな印象を語る。

「ずっと溜めて、溜めて、試合中に爆発するような感じです。チームが下を向きかけている時に、一番シンプルなことを言っている。一本取られたら二本取ればいい、とか。勢いを感じます。そこに至るまでは理屈で不確定要素を消していく感じ。そこまで準備しているから、試合中にシンプルな言葉が出るんだと思います。普段は親分気質ではないですけど、試合中は、親分気質」

いざ臨まんという「スイッチ」が入るのは、グラウンドに入り、何度か前転をした瞬間だと本人は言う。

「ぎりぎりまで緊張感を高めて、ふっと抜いていい状態になる」

中央大からサントリーと、小野澤と同じキャリアを歩んでいるロックの真壁伸弥は覚えている。二〇〇九年九月五日の大阪、長居第2陸上競技場、シーズン初戦でデビュー戦を迎えた瞬間を。

極度の緊張の中、背後からは同じ大学から同じクラブに入ったスタープレイヤーのゆるやかな声が聞こえてきたのだ。

「好きなようにやってください。後ろにおっちゃんがいるから」

このシーズン、真壁は新人王になった。語りかけた本人は繊細だった。

「でもまぁ、それがよかったのかはわからないですけど。あいつはあいつなりの持って行き方があるので」

遡って二〇〇六年度。負傷の山下大悟キャプテンに代わり、小野澤は年間通してゲームキャプテンを務めた。

シーズン開始当初、当時監督の清宮に「キャプテンは誰がいいか」と聞かれ、「社会人なので誰じゃないとできませんというのもないし、自分はキャプテンに引っ張られるプレイヤーだとも思いません」と返事をした。指揮官は、「ちょっと違う面を引き出したい」と思った。その年の夏合宿でもリーダーに指名した。

「実績は申し分ないけど、キャプテンシーとはかけ離れた存在だった。合宿の円陣で話していたのを聞いた記憶があるんだけど、言われてやるんじゃねえよ、と。つまり、その夏合宿で自分がリーダーシップを取ろうとしていることすらも、愚かなことだという考えがあった。個人がやるべきことをやっていたら大人なら勝てるんじゃないのか、と」

一選手としては「どんなボールでもトライラインに運ぶ」という己だけと向き合っていればよかった。が、リーダーとなれば自分ではコントロールできない他者、つまりチームメイトのフィーリングを加味し、大多数に向け言葉を発しなければならなかった。

「11番」は糸のような心を揺らした。

「否定したものに自分がなる。そこでどういう存在でいるのかと」

早稲田大でもキャプテンで、もともと仲のよかった山下にしばしば相談を持ちかけた。

ロッカールームで自分はああ言ったが、全員に真意が伝わったのだろうか。そこまで細かなことは気にしなくても大丈夫では。コーヒーを飲みながら他愛もない話を始めても、いつしかそんな意見交換が始まった。

「表面的な優しさは出さない。でも本当の気遣いをしている人というか」

代行ゲームキャプテンについてそう語る山下は、自分が矢面に立てず申し訳ないと思っていた。その思いを知るほど、小野澤は結果を出したくなった。

時が経てば、「チームとキャプテンの色にコントラストがついていることが大切と思いました。チームが持つ色が単色じゃない方がいい」。選手間の価値観や感情の違いを無理にトリミングせず、そのうえで皆を同じベクトルに乗せれば集団の力が強くなると学んだ。

結果、発言や行動に厚みを出せた。

「スタンスが決まったら、結構、そのポジションにはまって来るんだよねぇ」

清宮はそう見ていた。

二〇〇七年二月四日、チームはトップリーグのプレーオフ決勝までたどり着いた。

前年度王者の東芝ブレイブルーパスを相手にロスタイムまでリードしながら、逆転負け。13―14。直後の会見場で、決して得意ではないテレビカメラを前に談話を求められたゲームキャプテンは、「あの……はい……」。言葉が出なかった。

手放した「感動の勝利」を「ベストセラーの本」という単語に置き換え、隣に座っていた清宮は助け舟を出した。

「選手が持てる力を出し切ったことは間違いない。おそらくチームも小野澤もこれだけ勝ちたいと思ったことはないんじゃないでしょうか。そういう熱を感じる素晴らしいチームです。次にベストセラーになる本を書きましょう。な」

翌シーズンの秋、フランスワールドカップがあった。

過密日程ゆえ、日本は初戦、二戦目でメンバーを分割した。当時二十九歳、これが最後のワールドカップかも知れぬと勝利を望んでいた小野澤は、九月八日のリヨンで行われたオーストラリアとの第一戦に出た。3—91。チームはその後も二連敗した。

二十五日、試合終了間際のゴールキック成功でジャパンの連敗が十二で止まった。

そんなボルドーでのカナダ戦の引き分けにも、その日は途中出場だった小野澤は歓喜の輪に加わらなかった。


フランス大会後も日本代表に召集され続け、リーグ戦でもタイトル争いに参画。コンスタントという単語が似合う小野澤を、坂田はこう見ている。

「本人に聞かなきゃわからないけど、同じプレーはできてないでしょう。プレースタイルも変わっていると思う」

出している結果は以前と変わらないが、それを支える身体は、確実に年齢相応のそれになりつつあると言うのだ。

持久力強化のためにランニングをする。もう一本、走れる。それでも明日以降のためにあえて休む。こうした自分の身体を見つめた上でのマイナーチェンジは、ぶれない芯を持ち続けるのと同じくらい大切なことだと、三十六歳まで現役だった坂田は考える。

それができる選手の一人に、当然、小野澤が入っているとも。

「若い時と同じじゃなくてもグラウンドに立ち続けられる、サントリーのスターターに名を連ねる。そういう選手、人間だということです」

後輩の佐々木も声を揃える。

「タイトルを取ったり日本代表に入ったりと、結果としては同じかもしれないですけど、一年一年、変化していると思います」

二〇一一年二月二十七日、秩父宮ラグビー場の芝はすっかり朽ち果てていた。芝が育ちにくいであろう秋冬の時期に毎週のようにラグビーの試合が行われるためか、シーズン終盤にはスタンドの上の方からでも土の色が見える。そんな地で、シーズン最後に行われる日本選手権の決勝戦があった。

37—20でサントリーが勝った。

この年度からゼネラルマネージャー兼監督となったエディー・ジョーンズ提唱の「アグレッシブ・アタッキング」が奏功した。堅守で知られる三洋電機ワイルドナイツから5トライを奪ったのだ。

序盤リードされるも、前半11分、小野澤が先制した。

味方が奪った球を得て自陣から快走した。次は司令塔役のトゥシ・ピシが守備網の隙を突き、敵陣22メートルエリアに達した。ボール争奪局面が作られた。先ほど長距離を駆け抜けた小野澤は、その真横のスペースにまっすぐ駆け込みパスをもらった。そのままゴールラインを越えたのだ。

ボールを放したあとの動きの妙で決めたトライを、ジョーンズ監督は「お手本のよう」と言った。チームのスタイルを具現化できたうえ、身体能力だけに止《とど》まらない小野澤のよさが見えたからだ。

日本語も上手な策士は通訳を介し笑った。

「自分が何をやらなきゃいけないかがわからない選手には、ぶれがある。逆にやれることがわかっている選手はぶれない。冷静な判断力、準備が万全だという自信があります。そうした自分ができることをわかっている選手は、大人しい。小野澤もそういう選手です。感情的ではあるけれど、それをマイナスにはせず、自分の中でコントロールする。むしろ叫ぶ選手よりもすごいパッションがあります」

薄暗いミックスゾーンに小野澤は現れた。

ノーサイドの瞬間は。

「終わったー」

「次のワールドカップに向けて色々考えているのかなと」

フランスワールドカップが終わったあと、佐々木は小野澤と話して感じた。

「次」とは、二〇一一年のニュージーランド大会を指していた。

「まぁ、あの人は常に上手くなりたいと思っているので、ワールドカップだからなのか、わからないですけど。いつも向上心がある」

ボルドーでの瞬間を本人は振り返る。

「年齢的にいい状況で終わりたい、勝ちたいなぁというのがあって、先も見ず最後かなと臨んだ大会。勝ちたかったなぁって。あ、今、勝ちたいって二回、言いましたけど」

佐々木の想像通り、帰国後はすぐに「次」を考えた。

「勝ちたかったなぁが勝ちたいになりました。勝ちたいし、出たいし、やるだけだなと思いましたね。その集団にいるだけじゃなく、勝ちを決定させるプレーをしたいと」

ワールドカップ、何のために戦うか。

「勝つために。それだけですね。それ以上も以下もない」

本当の強さとは何なのだろうか。

それを考える時、小野澤は二〇一〇年度まで三年間サントリーでチームメイトだったジョージ・グレーガンを思い出す。

強豪国のオーストラリア代表として１３９ものキャップを得たグレーガンは、遠征時はいつも大荷物を抱えていた。スパイクは予備のものと急な雨天の時のものを含め、三足用意していた。それは一般論では「旅下手」とされるが、抜かりなく準備をするというアスリートの理想的なあり方でもあった。こちらも外出時に荷物の多くなる小野澤は、自分が間違っていなかったと確信できた。

「自分に関する不確定な要素を消していくという作業を見て、これか、と。僕も試合が終わってちょっと血が出ていると、ガーゼと消毒液を出す。もしかしたらドクターが近くにいないかもしれないじゃないですか。それでも自分で消毒液を用意しておけば、あぁ、ここからばい菌が入って、と思う必要がないでしょ」

だから強い人をこう定義付けた。

「自己完結できる人」

物静かで、心の奥底の信念を曲げず、加齢といった避けられない逆風にさらされても、心身をしなやかに動かし、最終的にはまっすぐ歩く。

暴力や殺戮《さつりく》や刺激的な物言いにも勝るそんな本当の強さこそが、小野澤を「グラウンドに立ち続けられる人間」たらしめている。

KUMON式の巻

田邉淳

写真　出村謙知

ニュージーランドに九年住んでいた当時三十一歳の田邉淳《あつし》は、英語を母国語にかなり近いレベルで理解できる。

二〇一〇年三月に発表された六十二人の代表候補に入りながら、春にあったワールドカップ最終予選のメンバーの三十一人からは漏れた。落選の理由を直接、聞こうと思った。ラグビー日本代表ジョン・カーワン・ヘッドコーチの携帯電話の番号は、共通の知人から教えてもらっていた。

「聞かないで悶々《もんもん》としているよりは、聞いてすっきりした方がいい」

ごく簡潔な思考に基づき行動した。

携帯電話に手をかけると、まもなく指揮官の聞き取りやすい英語を耳にした。

「ボールタッチの回数が足りない」

積極的にボールを持って前進するプレーがより求められていると感じた。身長一七〇センチで体重七十三キロと、この人は一般的な勤め人の中でもスリムに映る。かたやカーワンは大型選手を好む向きがあると伝えられていたが、その張本人から「サイズは関係ない」と聞くことができた。

ラグビーは陣取り合戦でもある。

パスは前に投げられないため、両者とも球を大きく蹴り込んで相手の陣地に入ろうとする。三洋電機ワイルドナイツでグラウンド最後尾のフルバックというポジションを務める田邉は、そのエリアの奪い合いで冴えを見せる。

例えば、相手の司令塔が敵陣に大きく進入すべくキックをしようとする。向こう側にいる田邉はその目や足の動き、試合の流れから弾道を予測。ボールの落下地点に回り込み、身体の正面で捕球する。次の瞬間には、誰もいないところへ簡単にボールを蹴り返す。

人の動きに応じ、目立たなくとも最良の効果を周りに及ぼす。切れ長の目とベリーショートの髪型と相まって、予約で一杯のレストランの頼れるウエイターのようだ。

あの電話を経て臨んだ秋のシーズンは、従来通りの安定感を維持しつつ、若干のマイナーチェンジを施した。

蹴り込まれたボールを持って、そのまま前に出る回数を増やした。あるいは味方から、より積極的にパスをもらうよう心がけた。後にパナソニックに名称を変える三洋電機が、この年からボールを保持する戦法を意識したことも好都合だった。

十月、所属先の監督だった飯島均から着信があった。

何か、悪いことでもしたかな。

田邉は恐る恐る通話ボタンを押した。用件はジャパン入りの報せだった。十三日、報道陣に配られた秋の試合での日本代表メンバーリストに、確かにその名はあった。選考理由について、記者会見直後のカーワンは語るのだった。

「とにかく彼にはチャンスを与えなければ」

その時期の代表チームは、二〇一一年のワールドカップ出場を決めたあとの公式戦として、サモア、ロシアとの試合を予定していた。そこへ、決して体軀《たいく》には恵まれない三十歳以上の選手が初めて加わりつつあった。

きっと色々な人から共感を得られるだろうと、年下のチームメイトも喜んだ。

実家は奈良県香芝《かしば》市にあり、父が大の楕円球好きだった。三男の淳は三、四歳の頃、大阪の茨木《いばらき》ラグビースクールに入った。週末、二人の兄とともに車で片道約一時間かけて土の、または「雑草がちょろっと生えた」グラウンドに通った。

観る娯楽としてもこのスポーツに親しんだ。社会人や大学、高校の大きな試合があれば、家族は関西地区のグラウンド、例えば東大阪市の近鉄花園ラグビー場によく出向いた。

小学五年生の頃、三男は単身でニュージーランドに旅行をした。

中学生以下の子どもが対象の海外生活体験ツアーに参加したのだ。同国の北島の都市オークランド、南島のワナカに一週間ずつ滞在した。オークランドでは現地の小学校に通い、ホームステイ先で暮らした。それと前後し、英会話学校にも通った。

家族で観ていた花園での全国高校ラグビー選手権大会に、自分も出たいと考えた。

地元の香芝中学校を卒業後、兵庫県の強豪である報徳学園高校に進んだ。数あるラグビー名門校の中からここを選んだのは、いくつかの授業が英語で行われていたからだ。少年期の体験から、外国の言葉で話せるようになりたいと田邉は思っていた。

大人になって振り返る。

「今、英語が話せたらと言う選手がいるけど、僕の場合はそれをもっと若い時に感じたんです」

高校最初の一年間は、海外留学を「してもいいかな」と考えた。

どうやら父は、英語が使われておりラグビーが盛んな地に息子を住まわせたいようだった。高校で働いていたニュージーランド人教師の紹介で、シャーリーボーイズ高校に移る手続きを取った。その国の南側の島にあるクライストチャーチという都市の学校である。

報徳学園高入学からわずか二ヶ月後、十五歳の淳は親元を離れた。

「不安は、行く時はなかった。怖いもの知らずというか、子どもの頃から何でもやっちゃうタイプ。なせばなる、みたいな。行って不安になるタイプですね」

初日、バスで降りる停留所がわからなかった。

車窓からは似たような景色しか見えず、あらかじめ聞かされていた「近くの目印」に気付かなかった。終点まで乗り、滞在先の住所が書かれた紙を運転手に見せた。近くまで送ってもらった。あの人は優しかったなと思う余裕は、しばらくしてからようやく抱けた。

ニュージーランドでは、ラグビーは国技のようなものだった。いびつな形をしたボールが市井に根付く土地には、日本では考えられないような運動能力を備えた若いプレイヤーが当たり前のように呼吸をしていた。

奈良県生まれの少年が何より驚いたのは、その彼らが週にたった二回しかトレーニングをせず、それでも試合でいい動きをしていたことだった。

自分の国の高校生は、毎日ハードな練習をしても彼らには勝てそうもない。その差は何か。毎日のようにテレビで試合中継が流れる日常、生徒が遊び感覚で楕円球に触れる学校の昼休み、季節によっては別の競技に取り組む柔軟性が、王国の強さの肝なのだろう。そう結論を導いた。

また試合といえば、場所や相手はその日になるまでわからなかった。インターネット、携帯音楽端末と、気を紛らわせるものが普及していない頃だっただけに、メンタリティを安定させるのに苦労した。

もっとも歳を重ねてからは、それがかえってよかったと実感した。

「よく経験が大事というけど、こういうことなのかなと」

滞在先で身に付けたのは、本物のポジティブ思考だった。

試合後のミーティングでは、常に選手のいいところを取り上げる雰囲気があった。「チームの悪いところは探すんですけど、個人はいいところを」。その場では特に何も感じなかったが、帰国すれば指導者が反省点だけを抽出《ちゅうしゅつ》する例を多く耳にした。自らも三洋電機とは違う場所で体験した。そこで田邉は気付くのだった。

「勉強せなあかんとわかっているのに親に言われて舌打ちして勉強しても、効果ないじゃないですか。それよりいいところを伸ばすというのが、向こうのやり方なのかな、と」

本に書かれた「前向きな言葉」を読んで「感動」したのではなく、普段の暮らしに見られた楽天的思考を、帰国してしばらく経ってから好意的に捉えた。きっとそこに妙味があった。自己分析によれば、田邉は「本当は気にしぃ」のようだ。明瞭な口調から「前向き」との冠をかぶせられがちだが、それが正解なのかは本人にもわからない。

人生は充実していた。もっと英語を話せるようになりたい。ずっとこの国でプレーしたい。その土地で生まれた熱望に従い、淳少年は報徳学園に退学届けを出した。ニュージーランドと日本の高校の間で単位の振替ができなかったことにも、ある意味、背中を押された。この国には九年間滞在することとなる。

二〇一〇年十月二十三日。

代表デビューを目前に控えた三十二歳の田邉は、所属先の三洋電機の試合に出場していた。

地元の太田市陸上競技場でのトップリーグ第七節、福岡サニックスブルース戦にフルバックとして先発した。

ハーフタイム直前にはゴールキックを決めた。しかし、前半だけで退いた。

試合は65―21で大勝し、チームは開幕七連勝をマークした。空は夕暮れを控えたやわらかい水色だった。ゲーム後、クラブ指定のダークグレーのポロシャツに着替えた選手たちは、会場の入口付近で待つ子どもたちの衣服にサインペンを走らせていた。霜村誠一キャプテンが、マン・オブ・ザ・マッチを獲得した山田章仁《あきひと》が、ジャーナリストにそれぞれ景気のいい談話を残した。

その隙間を縫うように、田邉はチーム関係者とともに足早に会場を去ろうとしていた。病院に直行するためだった。わき腹を押さえるその顔は、あまり人前では見せたことがなさそうな渋さである。

あさってから日本代表の合宿ですが。

そう問われても困るのだった。

「それを目指してやってきたんですけど……まずは検査を受けてみないと……」

肋軟骨《ろくなんこつ》が浮き出て神経にぶつかり、痛みが出るようだった。全治は約二、三週間。それが医者の見解だった。人情からか。その件について飯島監督は核心に触れなかった。

宮崎県での代表合宿には田邉は予定通り参加したが、別のフルバックの選手も追加召集されていた。

ニュージーランド時代、高校卒業後はクライストチャーチ教育大学で経済学を学ぶ傍ら、通っていた高校のＯＢが数多く在籍するシャーリークラブで楕円球を追った。大学卒業後は日本人タレントが経営する土産物店での「お金の管理とかもする」アルバイトで生計を立てつつ、やはり同じクラブでプレーした。

カンタベリー地区のクラブチーム選抜に入るなど、選手として小さくないキャリアを積んでいた二〇〇二年夏、日本の三洋電機でプレーすると決めた。

いずれトップリーグで常に上位争いに加わるこのクラブは、当時からカンタベリー協会との提携関係を始めていた。有望な選手を武者修行に出したり、ノウハウを吸収するのが目的である。

その一環でニュージーランドに来ていた当時のヘッドコーチ、マレー・ヘンダーソンが、二十四歳のニュージーランド在住日本人選手に興味を持ったのだ。

その旨、土産物店への電話で本人は知った。仕事場で自分への電話が鳴ること自体が珍しかったので驚いた。

「日本でプレーすることに興味はありますか」

「そう言われましても……」

「ウチはあなたに興味があります」

「では一度、話を聞かせてください」

関係者と顔を合わせれば、「社員だけでなくプロ選手という道もある」と言われた。

アマチュアリズムが根付く日本のラグビー界にあっては、珍しい響きに思えた。よほどの贅沢をしなければ土産物店の仕事だけでも食べていくことはできた。それでも契約選手になるべく、帰国した。

手続き上、群馬県のクラブで試合に出たのは翌二〇〇三年度からだった。

当初はスタンドオフやセンターとさまざまなポジションを務めており、プレースタイルも後のそれとは大きく異なっていた。

来日当初は代表入り時よりも「十キロくらい」重く、太目との印象を周りに与えていた。日本で暮らす中、「痩せたいなと思ったこともあって」細身で機能的な身体に変わった。

「身体が小さい。それなら人より一・五倍くらい稼動できればいいと思って」

二〇〇八年度からリコーブラックラムズでプレーするプロラガーマンの池田渉は、かつて三洋電機に在籍していた。日本人とニュージーランド人の特徴を解説しつつ、旧知の仲である田邉の来日時を振り返る。

「器用さよりも泥臭さが目立った選手でしたね。パスやステップが上手かったり、瞬発力があったりと、日本人はスキルが細かい。田邉は外国人みたいに、ボールを持って突っ込んだり、大きい相手に頭から突き刺さるようなディフェンスをしたりと、ニュージーランド人っぽいような選手でした」

いずれ長所とされるスキルや軽妙な位置取りはむしろ、来日後に学んだと本人も認める。当時クラブの臨時コーチだったロビー・ディーンズと、二〇〇四年に来日しチームの象徴となる元ニュージーランド代表のトニー・ブラウンのもと、パス、キック、相手をかわすランニングスキル、何より「ラグビーは頭を使うスポーツ」との概念を学んだ。

ポジションがフルバックに固定された頃から、持ち合わせていた潜在能力と、日本で得たスキルと身体を上手く調合できるようになった。

徐々に出番を増やし、二〇〇七年度にはレギュラーに定着した。その過程で、チーム内ではキッカーという新しい役割を担い始めた。

ラグビーはトライの直後や相手の反則の直後に、ゴールキックを蹴る権利が与えられる。H型のポールの真ん中に楕円球を通せば、トライ後のゴールキックで二点、反則後のペナルティーゴールで三点が追加される。ライバル同士の大一番ではトライの数は少なく、キックの可否によるわずかな点差が勝敗を分ける場合も多い。その重責を背負うキッカーに指名されることは、チームの信頼の証《あかし》だ。当初、三洋電機ではブラウンが蹴り続けていたが、いつしか留学帰りの日本人がそれを務めるようになった。

「数字に出やすい役割をやっているので、確実に、大事にしたい」

キックを蹴る地点は、反則が行われた場所か、トライした地点からタッチラインに平行な架空の直線上と定められている。一点を争う場面で、難しい角度から正確なキックを蹴らねばならない時もある。何よりファンはトライ合戦を好む。反則が起こるたびに贔屓ではないチームがゴールを狙っていては、必然的に野次を飛ばされる。練習で百発百中ゴールを決められる選手でも、この外圧でキックを外す例も少なくない。

そんな中で田邉はぶれなかった。

ミートが巧いうえ、大観衆の前で「孤独」になれたからだ。

「蹴る時に、自分だけに語る秘密の言葉がある。その時は野次られても、自分と対話しているから自分の声しか聞こえない」

攻撃中枢を担う外国人選手が語る細かなニュアンスを理解できる田邉は、文字通りクラブの潤滑油的な存在となっていた。

それが各方面に知れ渡ったからか。二〇〇七年度、当時は各チームの監督や記者の投票で決まっていたトップリーグのベストフィフティーンに初めて選ばれた。

「異色の経歴」とされるフルバックが初代表を飾るはずだった二〇一〇年十月三十日。

東京の青山にある秩父宮ラグビー場には、人々の身を凍えさせる風と雨が灰色の空から降りていた。日本代表は、サモア代表に10―13で敗れた。

七日前に脇腹を押さえていた田邉は、この八十分間をスタンドで観戦した。試合後、ノーネクタイでチームスーツを着てその場を去ろうとしていた。

グラウンドの脇にある日本ラグビー協会の建物の玄関前、ひさしの下に立った。直前のアクシデント、それに伴う同ポジションへの選手の追加招集。はじける口調でそうした現状を語った。辛苦の表情を浮かべたあの日と違い、スプライトの笑顔を浮かべていた。

まず、合宿に他の選手が呼ばれていたことについて。

「このチームはいい選手を呼ぶのが当たり前やし、誰かが呼ばれたから僕がどうのこうのという次元ではないと思うんですよね。僕が監督でも同じようにすると思うし」

身体の回復具合は。

「代表のメディカルの方には感謝、感謝です。人にもよると思うんですけど、この怪我、通常は一週間で治ることはない。けど、だいぶ良くなってきている」

先ほどまでの試合、出たくはなかったか。

「ぶっちゃけ、メンバーには入っていると言われていたけど、この状態で出ても……というのがあった。無理をしたらあかんと。先週はしっかりと治療をして、昨日、走ったら違和感なかったから。何とか来週、練習に参加したい」

雨は強く地面を打っていた。観客は三々五々、雨合羽をしまいながら帰路についていた。国同士の真剣勝負であるテストマッチへの出場、それを意味するキャップの取得を、田邉は長年の目標にしていた。それを自ら回避したうえで言うのである。

「正直、テストマッチだと個人的な感情もすごく入る。ただ、それを重視してしまうと勝てないと思う。勝つことが全てと言ったら大げさやけど、勝つことでしかその国の威厳を示せないから。となると、僕がキャップを一つ取る、二つ取るというのは二の次になって当たり前だと思う。期待されるのもわかるんですけど、焦らずね」

諦め、帝《みかど》だけが口に出来る最後の言葉という、古くからある意味に沿った本当の意味での諦めを、きっとこの人は理解していた。

「僕がもっと若かったら話し方が違ってくると思うんですよね。何が何でも出ますと。ただ、大きい怪我をしたし、そういうので考え方も変わってきたと思うんです」

その「怪我」は、二〇〇八年のことを指していた。


チームがシーズン初めて本格的に身体をぶつける練習をした日のことだった。

三洋電機の正フルバックは、右膝の前十字靭帯、後十字靭帯、さらには内側をいっぺんに断裂した。クラブ内でも前例のない怪我だった。

それまで膝は無傷だった田邉は、複数の医師から意見を仰いだ。

ある人はすぐにでもメスを入れるべきだと、別の人は丹念に治療をすれば開幕には間に合うだろうと言った。専門家による三者三様の答えに、当事者はさらに頭を悩ませた。

もう、自分の身体に聞いてみよう。約三ヶ月の悶々とした日々を経てグラウンドに出た。走れなかった。結局、メスを入れることにした。

その年度の開幕戦は九月五日の金曜日、ナイター照明が灯る秩父宮で行われた。公式入場者数「一四九〇一人」が集う観客席に、手術を受ける約一週間前の田邉は訪れていた。本来ならば自分はここに立てたのに。そんな悔しさを以後の治療にぶつけよう。そう決心して、残暑の中でゲームを観た。

時期を前後し、知人から一つの言葉を教えられた。

人間万事塞翁《さいおう》が馬。

人の吉凶は常に変転し、予測できないという意味だと知った。身動きの取れない今も、いつかの輝く未来に繋がるのだろうか。そうぼんやり考えていた。

執刀後は、東京の北区西が丘にある国立スポーツ科学センターに通った。そこでのリハビリテーションは過酷だった。

一つひとつのメニューはさほど辛くはなかったが、単純な動作の連続を一日中繰り返すのが精神的に苦しかった。心の中で反芻《はんすう》するしかなかった。焦り禁物。

ただ怪我をしたのは、ニュージーランドで本当の意味での前向きな姿勢を無意識のうちに刷り込んだ田邉だった。影の要素として語られる日々からも、楽しみを見出していた。

例えば、合間に組まれたウエイトトレーニングのメニューは、「ラグビーに近い」から息抜きになると捉えた。さらにライバルのサントリーサンゴリアス所属の佐々木隆道、有賀剛《あるがごう》と出会えたことでも気持ちを晴れ晴れとさせた。

特に佐々木と有賀の存在は大きかった。再びジャージィ姿で芝の上に立てると強く信じる者同士の、同じ場所での邂逅《かいこう》は、この上ない刺激になったと田邉は振り返る。食事に行ったり、週末の試合の勝敗予想をしたりした。

「僕は日本で高校と大学に行ってないから、それに近い仲間ができたという感じだったんです。楽しい期間だった」

二〇〇九年九月四日、夏の残り香が漂う秩父宮の夜だった。

トップリーグ開幕戦、田邉は五三八日ぶりの公式戦復帰を果たした。

「緊張はしなかったけど……興奮しました。自分がここへ戻ってくるにはあの方法しかなかったんだなと」

一本のゴールキックと四本のペナルティーゴールを決め、チームを勝利に導いた。

手術前と同じ膝は戻ってこないとは、あらかじめ医師に言われていた。だから復帰後の「膝が遅れて出て来る感じ」はある程度は想定内だと捉えていた。むしろ、それとどう付き合うかで自分の価値が決まると思えた。蹴る時に球を支えるキックティーの高さを日によって変えた。

「人間やから日に日に違うし、そういうところも大事にしていかないと」

復帰後、自分のフィーリングを重んじる新しい調整法を見つけたのだ。

同じく膝の大怪我をしたことのある霜村は驚いた。

「復帰は出来ても、あのパフォーマンスを戻すのは凄い。僕も二年くらい感覚が戻らなかったのに」

田邉はこのリーグ戦十三試合で七十三ものゴールを決めた。ベストキッカー賞と得点王をそれぞれ初受賞した。さらに、二年ぶりにベストフィフティーンに輝いた。

復帰後、怪我をする前よりもさらに成長した姿になる。実際に行うのは難しいそんなミッションは果たされたのだ。

「毎年、前の自分を越えるのを目標にしている。その意味では、個人的にはいい結果を出せたかなと。でも、ラグビーはチームスポーツだから……」

自分の足跡を褒めるより、その年度のトップリーグで準優勝に終わったことを悔いた。

直後、大学生なども参加する日本選手権があった。

決勝戦は二〇一〇年二月二十八日、秩父宮で行われた。

三洋電機はトヨタ自動車ヴェルブリッツを22―17で制し、同シリーズ三連覇を達成した。細身の赤いジャージィは終始、優勝チームの陣地の後方を衛星のように動いた。

試合後、スタンド下の薄暗いスペースの一点には、真っ白な照明の光とテレビカメラが向けられていた。その真ん中にいた田邉は、二〇一一年に行われる四年に一度の大会、ラグビーワールドカップに出たいと言った。

二〇一〇年十一月六日、日本代表がロシア代表と戦う秩父宮は晴れていた。Tシャツ姿の観客もいた。一週間前のサモア戦時の雨雲は、遠くの空へと消えていた。

スタンドには三洋電機の面々が並んでいた。代表に呼ばれたチームメイトの応援に来ていたのだ。出場選手の拡大写真を貼った大きめのダンボールを用意し、高々と掲げた。

スターティングメンバーのフルバックに渡される背番号15は、田邉が付けていた。仲間が、ファンが、何より本人が希求していた代表デビューを果たした。

前半5分、日本代表が先制した。アリシ・トゥプアイレイが左タッチライン際にトライを決め、田邉はその真後ろからゴールキックを狙うことになった。背後に、自分の顔写真を持つチームメイトがいた。

あたりは静まり返った。

赤と白の縞《しま》模様のジャージィの「15」は、ゆっくりと助走をつけた。痛めていたわき腹について、仲間が「痛くない、痛くない」と勇気づけるのも聞こえていたが、きっとその心の底には「自分の声」だけを届けていた。

ボールをきちんと見る。頭を上げない。インパクトの瞬間はきちんと足を振り上げる。

いつも通りの技術をいつも通りの心で確認し、右足を球に当てた。

弾道を目で追った。

副審の旗が、上がった。

結局、日本は75―3で大勝した。

二〇〇七年のフランスワールドカップにも出場したロックの大野均《ひとし》と並び、この日チーム最年長だった「オールドルーキー」は、立ち上がりの代表初得点を皮切りに十一本中十本のゴールキックを成功させた。

「よりボールタッチを」というカーワン・ヘッドコーチのリクエストにも応え、軽やかなステップとパスで再三、好機を演出した。

グラウンドの最後尾から、日本語と英語の両方で味方に指示を出した。

そして、記念すべき日についての談話を残した。

「ホントあっという間の八十分でした。最高でしたね。ずっとこのためにラグビーをやってきたと言っても過言ではない。今日で一つ上の自分になれたかなと思う」

映画のワンシーンのような姿を、三洋電機を離れていた池田はこう見ていた。

「自分やチームのためだけではなくて、何か守るべきものがあるというか。自分が目標にならなければいけない。その相手が息子だった……。そういったことを観ていて感じますね。僕は昔から知っているので」

田邉は留学中に日本人女性と結婚し、長男と長女を授かっていた。二十七歳の誕生日を控えた二〇〇五年の春から、長男と二人で暮らしている。

父子で生活を始めた折の心境は。いくらかの時間を経て、本人は振り返る。

「留学を始めたときと同じで、何とかなるんじゃないかな、と。その考えだけで今に至る感じです」

プロ選手としての活動の合間に授業参観に出たり、夕食をクラブハウスで一緒にとったり、そのあとに「公文の勉強」を息子に教えたりする父の顔は、瞬く間にチームに知れ渡った。少なくないアスリートと違《たが》わず、この人とてかつては夜の街で羽目を外すこともあったようだ。しかし、少なくとも池田がチームを去ってからは、酔った若手選手をタクシーで部屋に送る姿が正フルバックの実像とされている。

淳之介と名付けられたその子は、中学生になった。

サッカー部の活動と両立しつつ、ワイルドナイツのグラウンドで練習する東毛ラグビースクールに所属。ポジションは父と同じフルバック、スタンドオフなどを任されている。

シングルファザー七年目の男性は、部屋の天井を見上げる。子育ては、その対象が歳を重ねなければ答えの出ない問題と言いたそうだった。

「逆の立場やったらどうかなとは思います。僕が片親、しかも男だけでは育ってきていないから、母親がいない子どもの気持ちはわかりづらいかもしれない。会社に理解してもらっているのはありがたい。でも、ここに来ても男ばっかりでしょ。僕みたいなのがたくさんいるわけじゃないですか。周りの子どもやファンの方からしたら羨ましいかもしれないですけど、本人にすればわからないですよね。僕は、自分を見せるのがいい教材になると思っている。私生活以外はあんまりごちゃごちゃ言わない。こういう風にすればこういう結果になるというのを、目の当たりにしてるはずだから。ただ、それを本人がどう感じているか。プレッシャーに感じているかもしれないし……」

ワールドカップ、何のために戦うか。

一瞬ずつを生きてきた三十二歳は、「うーん」と唸った。

「経験したことがないのでわからないですね。終わってみて気付くことが多いのかも知れないです」

留学先で見られた楽天的思考も、大怪我を乗り越えた感慨も、親子関係についてのあれこれも、全ては「終わってみて気付くこと」だった。四年に一度のイベントの意義も、きっとあとになって確立されるのだ。

二〇一一年五月二十四日、ジャパンのメンバーとしてアジア五カ国対抗に参加した田邉は、カーワン・ヘッドコーチからの電話を受け取った。

六月一日から行う日本代表合宿に参加できなくなった。

当初に懸念されていた「ボールタッチの回数」については何も言われなかったが、今度は身体接触の際に「強さを見せて欲しい」と、別の問題を突き付けられた。

ワールドカップの前哨戦《ぜんしょうせん》であるパシフィック・ネーションズカップにはこの合宿の帯同組から人員が割かれるようで、田邉の本大会出場へのアピールは、著しく制限される。

当事者は言う。

「僕は大どんでん返しを待っている。人間万事塞翁が馬で」

本番はかつての留学先、ニュージーランドで行われる。

カッカレーの巻

菊谷崇

写真　志賀由佳

立場が人を変えるとはよく言ったものだ。

親、大企業のCEO、生徒会長、高級ホテルの従業員。「本当にこの人に務まるのか」とされる人がその役目を担うことになっても、時が経てば不思議とそれに見合った風格を身に付ける。少なくともそれらしい局面は演出する。

ラグビーのキャプテンもそうだ。

全国大学選手権を二〇〇九、一〇年度に二連覇した帝京大学の監督である岩出雅之は、「ここ何年かは、キャプテンが時間が経つにつれていいリーダーシップを発揮する場合が多かった」と話した。きっと、優勝した代のキャプテンを思い出しながら。

日本最高峰のラグビートップリーグで、限られた予算と選手層ながら強豪から金星を奪う福岡サニックスブルースの藤井雄一郎監督も語る。JR大久保駅近くの酒場にて。

「スポンサーの社長に教えてもらったんよ。立場で人が変わることもありますよって。ホンマにアカンやつはだめだけど、こいつで大丈夫かなぁというくらいの奴やったら、キャプテンをやらせるうちにだんだん、らしくなる」

やるうちにだんだん、らしくなる。それはキャプテンを務めた者の皮膚感覚ともきっとリンクしている。

トップリーグができてから八年間で五度も優勝している東芝ブレイブルーパスには、その時節を代表するキャプテンが生まれている。

二〇〇二年度からの五年間は冨岡鉄平だった。

福岡工業大学から入社三年目でレギュラーポジションを掴みかけた折に就任した。任命しようとした当時の薫田真広監督から部屋に呼ばれた際、戦力外通告を受けるのではと心配したことは、ラグビー愛好家の間では語り草になっている。

身体の隅々にまで気迫を行き届かせる冨岡は、例えば走る練習で、決められたラインを越えた向こう側まで全力で走るべきだと考えていた。

ところが、愚直、ひたむきなどと言われる東芝でも個性は十人十色である。ラインを踏むと同時に速度を緩める者や、中にはラインの手前で失速する者もいなくはなかった。

なぜ、皆、自分と同じようにやらないのか。当初はそこにばかり気をもんでいた。

先発メンバーから外れたことも相まって、「苦労した」とされる時期を長く過ごした。

そこから徐々に、次なる地平に導かれた。

試合前の円陣、思いもよらぬ選手が最も皆を感動させるひと言を発した。練習態度で必ずしも優等生とは言えない人がインパクトのあるプレーでチームの窮地《きゅうち》を救った。そうしたことが一つ、また一つと積み重なり、冨岡の思考回路がより豊穣《ほうじょう》になっていった。いわゆる「スイッチオン」がなされるのは試合直前のウォーミングアップからで十分だ。おもにキャプテンが指揮をとる前日練習では、力の入れ具合は各自にゆだねてもいい、と。

「ぶれてはいけない価値観を共有できれば、色んな考え方を持っている人が集まって、色んな角度から上っていく。そういう粋な部分があってもいいと思うんですよ」

そんな自分なりの「組織の長とは」を見出した頃には、トップリーグ優勝三回、シーズン最後の短期決戦である日本選手権は優勝三回という結果が付いてきていた。

二〇一一年、秋。

ラグビーワールドカップニュージーランド大会が始まる。

よほどのことがない限り、日本代表のキャプテンは菊谷崇《きくたにたかし》が務める。その時で三十一歳。身長一八七センチで体重百キロ。力勝負が求められるフォワードのなかでも特にボールを持って走る機会の多い、フランカーやナンバーエイトといったポジションを務める。

速さ、巧さ、力強さの三拍子が揃っているからと、何人かのライバルからは戦いたくない選手の一人に挙げられる。チャンスの匂いが香る場面で必ずと言っていいほどボールを抱え、一気に守備網を破る。

なぜできるのか。所属先のトヨタ自動車ヴェルブリッツで二〇一〇年度から監督を務める朽木泰博は論理的に説明する。

「前を見る能力が高い。周りの情報を仕入れて、いいプレーをする上での周到な準備をする。そのスピードが一般のラグビー選手よりも速いんです。見落としたらいけないところを見て、いい判断をしている」

そんな攻撃的なフォワードが二〇〇八年、新リーダーに指名された。前年にあったフランス大会まで、二大会連続でワールドカップの日本代表だった箕内拓郎のあとを受けたのだ。

当の本人はしかし、多くの日本人が想像する「リーダーらしさ」とはやや違った人間性を持っていた。

それまで所属した奈良県立御所《ごせ》工業高校（現在は奈良県立御所実業高校）、大阪体育大学、トヨタではキャプテンをしたことがなかった。特に高校時代は、二年生から常に試合に出ていた三人のうち、菊谷だけが役職を与えられなかった。「のびのびやらせる意図があったのだと思います」と、当時の仲間は語っていた。

どうして。

菊さん、できるのですか。

本人をよく知る者のほとんどが、代表キャプテン就任の報せに驚いた。

もっとも、大学、社会人とチームメイトである二歳下の久住《くすみ》辰也は「まさかとは思いましたけど、うまくやるだろう」とも読んでいたのだが。

二〇〇八年十一月七日、東京都港区北青山の秩父宮ラグビー場。

日本代表候補選手同士によるセレクションマッチの前日練習があった。

その後、グラウンドのタッチライン際に集まったマスメディアの面々が選手の周りに輪を作る、囲み取材というものがあった。

協会広報に連れられてやってきたのは、大柄で、肌が褐色で、髪には赤みを帯びた茶色とゆるいウェーブが入った青年だった。細い目をさらに細めて笑っている。「A」のキャプテンを務める菊谷だった。ちなみにフランスワールドカップには、出ていなかった。

では、お願いします。

自分よりもはるかに背の低い広報担当に促された。辺りを見回し、「初囲みです」と小声で呟いた。

明日の抱負を。一人の記者から質問された。

「人生初キャプテンです。チームを引っ張るということは、そんなに意識していないです。ただ、チームはちょっと寄せ集めの感じがあるので、できるだけコミュニケーションを取っています。プレッシャーを感じたら何もできないので、えー、がんばります」

何だか落ち着かないといった風に答えた。

JKことカーワン・ヘッドコーチに指名されたのはいつか。

「初日です」

　セレクションマッチ前の合宿の一日目、という意味で「初日」と答えた。

「JKに若手って言われて、まだ三ヶ月しか経ってないんですけど」

　あまりに端的な事実の列挙に、一同は皆、笑うのだった。

　引き分けだったセレクションマッチを経て、菊谷は本当の代表キャプテンになった。

　本人とすれば、もっとも驚いたのはセレクションマッチでのキャプテン就任の打診で、それ以降はある程度すんなり受け入れられた。

　とにかく、アメリカ代表との二連戦に挑んだ。

　十一月十六日、愛知県名古屋市の瑞穂ラグビー場での初戦は29―19の白星で終えた。続く二十二日、秩父宮での第二戦。途中、シンビンという十分間の一時的退場処分が重なり、ジャパンは我慢の時間帯を強いられた。それでも32―17で勝利した。菊谷はキャプテンとして初のシリーズを連勝で終えた。

　記者会見後、黒地に細いストライプが入ったスーツに着替え、ラグビー特有の両チームの交歓会であるアフターマッチファンクションに参加した。

　まもなく全ての予定を終えた。追加の質問をすべくあとを追ってきた一人の記者と、歩きながら会話をした。

　ロッカールームに立ち寄るところだった。

　そこは本来「関係者以外立ち入り禁止」である。それ以上の追跡を躊躇《ちゅうちょ》する相手に対し、

「別に大丈夫っすよ」と話を続けた。人との間に壁を作らない。人と接する時に先入観を持たない。これが菊谷の気質のようだった。

自分なりのキャプテンシーについて。

そんな質問をされた時は、洗濯物、トレーニングシューズ、移動時に着るスーツのケースなど、選手の忘れ物を拾い集めていた。

「後輩に荷物を持たされといて、何がキャプテンシーだってことですよ」

きっと話をはぐらかしたのではなく、正直な気持ちだった。

年上の選手にとっては後輩のように思えないほど気さく。年下の選手にとっては先輩というよりは兄貴分。

昔からその人となりを知るラグビープレイヤーは、菊谷をそんな風に捉えていた。

近くに知っている人がいたら白い歯を見せて手を振り、練習が終われば後輩にプロレスの技をかける。遠征には数種類のゲーム機を持ち込み、特にプレイステーションポータブルの人気タイトル「モンスターハンター」に没頭する。夏休みを心待ちにする七月の小学五年生がそのまま大人になったような、世界的企業の社員である。

高校時代の同級生である西辻勤によれば、その向きは昔から変わらなかった。

日本の体育会系クラブにある封建的な上下関係のもとでも、後の代表キャプテンは上級生の非合理な圧力の標的にはされなかった。むしろ可愛がられた。後輩にも慕われた。いわゆる「やんちゃ」の香りを漂わせた崇少年は、「いつも悪さをしているイメージがある。でも、問題になるようなことはなかった」。西辻の覚えではそうだった。

グラウンドでは当時から豪快かつ柔らかな走りを見せていた反面、相手チームの選手とは「殴り合いの一歩手前」のようなことをしていた。

やめろ。

レフリーに文句を言うな。

ゲームのたびにそんな言葉を「キク」に投げたと、同級生は記憶している。

この人の楕円球への好奇心はしかし、当時から大きかったと語る。

お互い大学に進んだ後、七人制日本代表に呼ばれるようになった。早稲田大学に進学し、所属チームのために戦いたいとの思いが強かった西辻は、その誘いを何度か辞退した。かたや大阪体育大の菊谷は、興味を持ってさまざまな遠征や合宿に参加していた。

「単純にうまくなりたいというよりは、自分の好きなプレーに対しては追求、といったらカッコいい言い方ですけど、結構、練習していました」

十五人制と同じ広さのグラウンドを七人でプレーする通称「セブンズ」の大会では、七分ハーフの試合が数多く行われるのが通例だ。そのためニュージーランドやフィジーといった世界ランキング上位の代表チームのスピード、パワーを、短期間で体感できた。それが成長の一端だと、本人も認める。

ラグビーが好きで、特に好きなプレーを上達させたいと思う気持ち。それは三十歳を過ぎて日本代表のキャプテンになっても変わらないと、トヨタのスタッフにも思われている。

「学生の間に世界っていう存在を知ることができたのは大きかったと思います。セブンズから教わったのは楽しむこと。エンジョイ。その意味を教わった。ただ単にモンスターハンターして楽しいのはエンジョイじゃない。当然、試合に勝つこともエンジョイに繋がるし、きつい練習してその先の自分たちの求めているものが見えたり、触れたりすることもエンジョイ。僕らが目指すエンジョイを教わりました」

そんな中、リーダーシップの片鱗《へんりん》を若い時から見ていたのは大学の後輩の久住だった。

当時、クラブの中核として「練習でも色々と発言をして、キャプテンのサポートをしていた」という二学年上の大型選手の姿を目にしている。グラウンド内外でその存在感は確かだと思えた。

この実感こそ、菊谷キャプテンは「うまくやるだろう」の根拠となった。

新キャプテンの醸し出す雰囲気は、代表選手に評価された。なぜ、この人はトヨタでキャプテンをやらないのだろう。一部ではそんな声も上がった。

事実、「トヨタ菊谷キャプテン」も検討されたが、「就任一年目の僕がキャプテンと離れ離れになるのはよくないな」と、二〇一〇年春に監督就任の朽木は思ったようだ。

菊谷は、選手間の絆づくりに注力した。

ナショナルチームに帯同していても、怪我のため参加しない練習があった。そういう時は帰り際、率先して荷物を持った。すみません、自分、手伝いますと言い寄る若い選手には、「大丈夫です。怪我人なんで」。例の笑顔を見せた。

合宿期間中のオフに開催する飲み会で、辛いとされるトレーニングを高いモチベーションで乗り切るための段取りを組んだこともあった。まず円陣を組む。俺がお前に話題を振るから、このセリフを言ってくれ。皆を盛り上げよう。プレイヤー同士でそんなシミュレーションをしたのである。

「ふと、なんか面白いかなと」

二〇一〇年秋、三十二歳で初代表を飾ることとなる田邉淳《あつし》が初めて合宿に参加した折は、必ず練習後に「田邉さんタイム」を作った。

じゃあ田邉さん、ひと言。

練習後にそう誘うことで、新参者の年長者をグループに素早く溶け込ませた。

就任以後、考えた。

日本代表で長らくキャプテンを務めた箕内は、キレのあるフレーズをタイミングよく言い放ち、あとは周りを背中で引っ張るオーラとしか言いようのないものをみなぎらせていた。

所属先のトヨタで二〇〇九年まで四年間キャプテンだった麻田一平は、組織のために身を削ることで仲間の共感を集めていた。

どちらも尊敬に値する船頭だが、正直、己のパーソナリティでこの人たちの生き様をなぞるのはどうにも不自然だ。

きっと「やんちゃ」と評され、それゆえに人から慕われた人間ならではのリーダーシップがあるはずだ。

そんな結論を、無意識のうちに導いたのだった。

「できることはたかが知れている。無理せず、そのままの自分であり続けることが大事かな、と」

本人は言う。

「改めて思ったのは、日本代表に選ばれた男たちは皆、本当にできる男だなと。いつも実感しますね。練習の時でも、僕がついて来いと言うわけでもないのに、皆がそれなりのモチベーションを持ってきてくれる。自分の中で大事にしているのは、スタートの音頭を取ること。一度スタートと言ってしまえば皆、できる。ただ、強い気持ちが熱くなりすぎる時もある。それをいかに抑えて、元の姿に戻すか。落ちている時は熱くなる台詞も言いますけど、基本的にはリラックスさせる。練習でも試合でもです」

大らかな人間性をチーム作りに直結させる中で、学べたこともあった。それは所属先でもフィードバックされた。

二〇一〇年度トヨタのキャプテンだった中山義孝は、代表のリーダーの感性にしばしば助けられた。

「もし練習でミスが続いたり、流れが悪くなった時は、その場で言うんです」

するとあとの時間はスムーズに流れたのだった。

本人も頷《うなず》いた。

「その場で言うのが一番頭に入ってくる。ま、状況によってはあとで言った方がいい場合もありますけど」

平時は若いチームのリーダーに従いつつ、収拾が付かなくなった時のみ顔を出す。問題は基本的にはその場でクリアにする。そんな菊谷を、朽木はこう分析してみせた。

「周りの空気に敏感になった。チームへのロイヤリティー（忠誠心）が出てきた。年齢によるものかもしれないけど、キャプテンになったのも大きかったんじゃないですかね。菊谷は新しい時代のリーダーという感じがするんですよ。口で引っ張るタイプ、日本特有の背中で引っ張るタイプのどちらにも属さない。その両方のいいところを取った、場を作る、間《ま》を作る、空気を作るリーダーだと思うんです。また、そうしたリーダーが評価される時代になってきているのではないかと思ってます」

菊谷の伸びやかな話しぶりに変化が見られたのは、二〇一〇年の春だった。

この時、ジャパンはワールドカップ出場権を争うアジア予選を戦っていた。四月三十日、慶山《キョンサン》生活体育公園ラグビー場である。敵地での韓国との予選第一試合を翌日に控え、キャプテンは声色を責任感で包んでいた。

チームの雰囲気は。

そう問われ、「リラックスしていると思います。その分、緊張が足りない。明日スイッチを入れないと」と返した。

日本はアジア地区ではほぼ無敵だ。よほどのことがなければ、予選突破はできるだろう。いくら他国への敬意を持ち合わせたところで、その定説は覆されにくいとされていた。とはいえ、もし負けたら全てを失うという点においては、きっと菊谷は大多数には気付かれにくい圧力にさらされていた。後にこの件を問われれば、「プレッシャーはそんなになかった」と話すのだが。

試合は71―13で日本が勝つも、前半は19―3とわずかなリードで折り返していた。後半こそ猛攻撃を見せたが、それは日本代表の中枢を担うニュージーランド人たちが集中力の切れた東アジア人を蹴散らしてのものだった。強豪国を相手にどこまで戦えるのか。そうしたイメージはしづらい内容だった。

菊谷は、少しかすれた低い声を発した。

「満足はないと思います。スキルもコミュニケーションもレベルアップさせないといけない」

予選を戦うごとに、チームは改善を積み重ねた。八日、日本の秩父宮で行われたアラビアンガルフ戦ではやはり序盤にミスを繰り返したものの、60—5で大勝した。

この試合で菊谷は「不当なプレー」の判定を受け、二週間の出場停止処分を受けた。裏方に回ることとなったが、以降、「試合に出ないけど、キャプテンであることは変わらない」。試合当日の天候などの情報を出場選手に落とし込み、荷物を持つといった雑務を率先してこなした。本選出場を決めるまでゲームキャプテンを務めた東芝ブレイブルーパスの大野均《ひとし》とは、試合前のコイントスに勝った場合はどちらの陣地を取るかという相談をした。

五月二十二日、秩父宮。

日本はワールドカップ出場切符を獲得した。

直後の記者会見、大野の低い声が静かに響いた。

「僕がゲームキャプテンをやっていますけど、このチームのキャプテンはやっぱり菊谷だなって思いました」

翌年の二〇一一年五月二十三日、成田空港第2ターミナルで、菊谷は通算すると何度目かわからない囲み取材を受けていた。

「いやぁ、山あり谷ありで」

「例年以上に皆、レベルの高い状態で宮崎に入れると思いました」

「チームワークもまだまだステップアップできるところだと思う。信頼し合うこと、自信を持ってプレーすること。それをワールドカップまでに」

二日前にアジア五カ国対抗を終え、スリランカはコロンボから帰国したところだった。少し疲れた声で大会の総括と、六月一日からの強化合宿の抱負を一問一答形式で求められていた。

約一週間のオフはどう過ごすか。大手自動車メーカーの従業員は言った。

「明日、朝イチでお仕事です。あとは家族孝行と、ジャパンから練習メニューは渡されているので、それを」

大会第三、四戦目で根元から編み込んでいた髪の毛をほどき、この時はスパイラルパーマがかかったような頭になっていた。人の意表をつくヘアスタイルでゲームをした感想は。

「自分の中でも満足感があった。もう一試合やろうかなと思ったら、まさか編んでないよねと奥さんからメールをもらって。すぐにほどいて帰って来ました」

飛行機に乗らないのに空港に来たジャーナリストたちをくすりとさせた。

屋外での写真撮影に応じ、国際線ロビーから国内線ロビーに移動した。道中、こちらも髪をきつく編み込んだ女性とすれ違った。

「ワールドカップ、あれで行こうかな」

続いて一件、単独取材に応じた。

自宅から車で一時間の場所に位置するという中部国際空港への夕方の便が来るまでの間、空港内のレストランでライス大盛りのカツカレーを注文した。

「昔はビッグマックを四個食べてたんですけど、最近はきついです」

自身のこれまでとこれからについて、聞かれたままに話すのだった。

前年度のトップリーグでは怪我をしていたようだが、状態は。

「左足太ももを肉離れしたけど、結果的にリハビリ期間を長くとれて身体も作れた。もう治った状態です。元気です。試合が終わってから、ずーっとアルコール流しっぱなしです」

もちろん、リーダーであると同時に一選手でもある。その意気は。

「キャプテンするにしろ、プレイヤーとしてできることを最低限やれないと務まらない。それだけは絶対に外してはならない。今はいいプレーと悪いプレーに差があるので、悪いプレーのレベルを落とさないで、プレーの質の高さを上げていきたい。厳しい試合の中でもゲームの流れを変えられる選手になっておきたい。僕は、日本代表の求められているレベルにまだ行き着いていない。キャプテンだから試合に出ているという周りの意見が出る状況にならないよう、自分を突き詰めたいと思います」

続けて、カーワン・ヘッドコーチにこう言われたと思い出した。重責でプレーのスケールを小さくしたくないと、改めて宣言した。

「キャプテンだけどプレッシャーを感じないで試合を楽しむように、と。僕が一番いいプレーをしているのは、キャプテンをしようという思いが出ている時よりも、プレイヤーとしてエンジョイしている時だと」

ワールドカップ、何のために戦うか。

「難しい」と天井を眺めた。そして、この年の世界を襲った二つの大地震の話を交え、言葉を紡ぐのだった。

「何のためにかはわからないですけど、四年に一度の大会に戦える状態でいるのはラグビー選手としては奇跡のような状況。その時に怪我をしてたらだめだし、三年間、調子よくても最後の一年が悪ければだめだから。出られる状況にめぐり合う可能性が現段階ではある。それはラグビー選手としては幸せなことで。今年に関しては三月十一日に地震があってから、ラグビーワールドカップが唯一の国際大会になる。二勝する、三勝するっていう話は以前からジャパンで出ていたけど、日本に、いいニュースを届けたい。ニュージーランドでも地震があって、日本人の僕たちがその場所でやっているということで、さらに意味のある大会になるんじゃないかと思います」

役職が人を変える。

ニュージーランドでの大一番に臨むキャプテンを語る時、何人かはこのフレーズを用いた。本人も語る。

「自分で認識しています。僕がキャプテンになって、現段階でまだ継続しているということ自体、その言葉があてはまっていると思います」

ただ逆説的ではあるが、菊谷は本来の人間性を変えなかったからこそ、役職で変わることができたのではないか。その論理には、本人も当たらずとも遠からずといった返答をした。

「確かに自分の考えは変わってないですし……。変わったところと変わっていないところ、半々ですね」

変わらないところは。

「行動がそれに沿ってるかはわからないですけど、僕の考え方は周りを信頼する、それでサポートしてもらうということ。全部を一人ではやりきれないという感じはあります」

だからこそ代表、トヨタの両方でチームメイトの北川俊澄や東芝の大野、代表チームでの攻撃指令を出すショーン・ウェブらの意見を尊重するのだ。

逆に、変わったところは。

「……取材慣れしたところですかね」

立場が変われど、変わらぬものもある。

「普段はふざけてます。飲むのも大好きだし」

トヨタ所属の谷口智昭は、菊谷の私生活を率直かつ豪快に指摘する。

代表キャプテンが板についてきた二〇〇九年の夏だったか。場所はトップリーグの各チームがキャンプを張る北海道網走市だった。

合宿日程の最後の夜、菊谷は東芝の大野を自分たちが泊まる宿舎に呼んだ。お互い何人か年下の選手を連れていた。

その中の一人、「プリウスをメインで作る堤工場」の後輩でもある槙原航太は覚えている。

勤務中は「体育系社員は職場で疲れた顔を見せるな、いつも笑顔で」と本当に笑いながら教えてくれた五歳年上の先輩が、朝の六時過ぎまで部屋に帰してくれなかったことを。

新聞記事の巻

マイケル・リーチ

写真　志賀由佳

全国大学選手権準決勝を前に、東海大学のマイケル・リーチは背筋の凍る思いをした。鞄《かばん》から必要な荷物を取り出す時、自分のスパイクが二足とも「右」だったのだ。

冬の風物詩である箱根駅伝の往路が行われた二〇一一年一月二日、東京都新宿区霞ヶ丘町にある国立競技場のロッカールームだった。

当時、リーチの足のサイズは三十センチだった。他の部員の靴は代用品にならない。新しいものを買おうにも、世間は正月休みの最中《さなか》だ。手分けして、近郊のスポーツ用品店に片っ端から電話をかけた。

冬が過ぎ、木村季由《ひでゆき》監督はようやく述懐する。

「で、原宿のスポーツ店が開いていたんです！　まずはサイズだ。メーカーなんかどうでもいいから、と」

買い物にはコーチの一人が走った。まもなく、スタジアム裏側の薄暗いスペースでのウォーミングアップが始まった。指揮官は目の前にいる選手の一挙手一投足を見つめながらも、気が気ではなかった。メンバーの二十二人が汗を流し終えたところで、ようやく現物が届いた。ロッカールームでリーチはそれを履き、芝の上に立った。多くの観客や報道関係者、ベンチに入ることができずにスタンドにいた部員の多くからは、それはいつも通りのマイケル・リーチに映った。実際、本人のマインドも普段と変わらなかった。

十二時二十一分、笛が鳴った。

前半9分、東海大は先制した。ゴール前スクラムの最後尾から、上半身を隆起させたスキンヘッドの前川鐘平《しょうへい》キャプテンが飛び出し、トライラインを割ったのだ。スコアは7―0。揃いの紺のブレザーと水色のシャツの一団は、野太い声を上げた。

前川にリーチ、日本代表経験者の木津武士、関東大学リーグ戦一部で二年連続トライ王の豊島《とよしま》翔平と、東海大は好素材揃いだった。選手権でも優勝候補の筆頭で、個々の身体能力を活かした素早く豪快な攻めで、他を圧倒していた。

この日の相手は、前年度チャンピオンの帝京大学だった。自慢の巨漢選手によるゆったりとした攻めと固い守備網を強みにしていた。

その相手の長所をさらに上回ろう。東海大はそう考えていた。

帝京大の得意とする肉弾戦は、ラグビーの試合では避けて通れない局面なのだ。試合前、木村はそんな至極まっとうな原理原則を説き、選手たちも賛同していた。

だが八十分間、ほとんど舵を握れなかった。

先手を取ってからは膠着《こうちゃく》状態に陥った。肝心の肉弾戦で、青いジャージィを着た東海大は反則を繰り返した。日本代表の木津は十分間の一時退場まで命じられた。

ハーフタイムを迎える頃には、東海大は7―14でリードされていた。

自分たちの強みを出す。自分たちの攻撃の時は速いテンポにする必要はない。赤いジャージィの帝京大は、ゲーム後の選手たちの談話そのままのプレーを貫いていた。観客はわかりやすい攻め合いが好きだ。そのためじれったさを覚える向きが、正月の競技場を覆った感はあった。ただ、これは勝負だった。

後半13分、リーチは密集からこぼれた球を拾ってまっすぐ駆け抜けた。一時は逆転となるトライを決めた。後に自らは思い通りにプレーできたと振り返ったが、終始どこか窮屈そうだった。

再び笛が鳴った。22―36で、東海大は敗れた。

背番号7をつけた青いジャージィの留学生は、しばらく芝に突っ伏した。

冬の黄緑色の芝生に拳をたたきつけた。両者が整列しエールの交換を終えると、再度、膝を落とした。

「神様が理想とする人間」

五歳の頃、北海道札幌市からニュージーランドのクライストチャーチに移り住んだイーリ・ニコラスは、幼馴染のマイケルを評して言った。地元にあったバーンサイドというクラブチームやセントビーズ校で二人はともにラグビーをした。十五歳の頃、ニコラスが札幌山の手高校に留学するのを追う形で、マイケルも約一ヶ月遅れで来日した。

一時帰国の後、日本でプロ選手となったイーリは述懐する。

「マイケルは優しいし、とにかく頑張る。札幌に来てもお金が欲しいとか、そういうことは一切、言わなかった。遠慮をする人ですね。タダで何かを受け取るのは嫌だったようです」

真面目。行儀がいい。

そんな印象を周囲に与えた。高校の二学年後輩だった選手は、遠征時のバスから降りる際に最後まで残り、部員の忘れ物をかき集める姿をよく覚えている。

逆に本人も、札幌に強い愛着を持っていた。「あ」と「た」の間にちいさな「っ」を入れて言った。

「かなりいいところ。自然多くて、人が暖かくて。ホントに、ウェルカム。家に来て、来てと誘いが多くて。たまに行きました」

特に高校のラグビー部の佐藤幹夫監督は指導者というより人格者として捉えていた。

「すばらしい。嘘を全くつかない。ホントに人のために色々とやるんです。自分のためには何もしない。そういうところが好き」

マイケル青年が高校二年生の時、自宅が火災にあった。その際、佐藤監督が北海道を広く回って募金活動をしていたと知った。本人の記憶によれば、総額は七十万円に上った。

選手としてのリーチは、主にフランカーというポジションを務める。十代のころはさまざまな場所で起用されたが、大学二年からは定位置が決められていた。

そのフランカーが主に顔を出す先はボール争奪局面だ。格闘技的要素が強いラグビーでも、特に激しい場面である。

その局面で超然としているのも、この人の特徴だろうか。

守っては持ち前の感性とスピードを活かし危険な場所を素早くカバーする。球を持てば大きなストライドでぐんぐんスピードを上げる。しばしば相手を力でねじ伏せたがる選手が多い日本への留学生の中で、東海大に来たフィジー生まれのニュージーランド人は、大鷲が飛んでいるような走りを見せるのだ。

また、常に全力を出し切る。

リーチの大学四年の年にライバル校の関東学院大学でキャプテンだった大島脩平《しゅうへい》は、相手をなぎ倒すタックルとそのあとの動きを警戒していた。

「嫌なんですよ。あいつとかち合うのは。タックルは激しいし、タックルしたあとはすぐに起き上がってボールに絡んでくる。常に顔を上げていて、次のプレーに行くのが早い。すっとボールのある場所を探しています。休んでいる暇がない感じでした」

スピードと献身的な姿勢。自らもそのスタイルを長所だと認めており、パワーアップのために体重を増やすにあたっても、動きのキレを維持できるぎりぎりの数値に止《とど》めていたようだった。試合後のグラウンドの取材エリアでは何度かそう言っていた。

目指すプレイヤー像について、こんなひと言を掲げる。

「人の真似はしたくない。持ってるスキルを全部出す、オールラウンダーになりたい」

東海大でラグビー部監督と体育学部教授をしている木村がそんなリーチと初めて出会ったのは、二〇〇五年の春だった。

チームの部員勧誘活動の一環で、北海道および東北の複数の高校による交流試合のイベントに出向いた際、木村は札幌山の手高校のジャージィを着た「ひょろーっと細長い」身体の外国人選手を見つけた。近くに寄れば「目がキラキラして笑顔が可愛い」と思った。「札幌に留学生あり」という話は先に聞いていたため、それがリーチだとすぐにわかった。

選手補強の際は、木村は選手のプレーと同時に人間性も見る。

あいつはどんな奴なのか。きちんと大学生活を送れるのだろうか。特に相手が異国の選手の場合は、生活習慣や日本に根付く上下関係への適応、言葉の壁といった具合に、スカウティングレポートに幾多の備考欄が加えられる。そこはきちんとクリアできるのだろうか。こういった項目を自分なりに判断すべく、札幌山の手高の佐藤監督や近隣の住民たちと密にコミュニケーションを取った。その都度、土地の人々が醸し出す柔和さに触れた。

「リーチは母校で、すごく人に恵まれたんでしょうね。多感な時期に親元を離れる中、これだけの人たちに支えてもらっていた」

前年度、東海大はジョシュア・マウというニュージーランド人選手を入部させていた。さらにリーチは日本での寮生活を経験し、高校生の課程も修了していた。問題は少なそうだった。選手自身の明確な目的の実現に大学進学がベストならば、自分たちは受け入れる。そういう尺度で考えようと木村は思った。

直接、顔を合わせた際、他の大学からも誘いを受けていたリーチは言った。

「将来は札幌で高校の先生になりたい」

幸い、東海大体育学部では教職免許が取れた。入学が決まった。

リーチは学校が好きな大学生だった。

小田急線東海大学前駅から徒歩十五分の湘南キャンパスでは、楽しそうに授業を受けたり、体育会系学生の溜まり場の「八号館食堂」で昼食をとったり、敷地の中央を貫くアスファルトの上を自転車で駆け抜ける姿を、何人かの教授や在学生に見られている。

部活動でも一年から主力となった。

来日時は自己申告で身長一七八センチ、体重七十六キロと身体が細かったが、時間とともに必要な筋肉だけを付け加えていった。最終学年の頃には身長一八九センチ、体重百五キロになっていた。特に腰周りを樫《かし》の木のように固く、強くしていた。

本人も、自分の選手としての可能性を強く意識し始める。

二〇〇七年、クラブはニュージーランドへの遠征をした。久々に母国に帰ったリーチは、現地の関係者に言われた。南半球最高峰のスーパー14（現在はスーパー15）でも通用する、と。

続けて、二十歳以下の日本代表でキャプテンとなった。

二〇〇二年度から〇六年度まで東芝ブレイブルーパスで指揮を執り、日本最高峰のラグビートップリーグなどで幾多のタイトルを獲得した薫田真広監督に指名されたのだ。薫田はひたむきな選手を好むことで知られていたが、本人は驚いた。

「なんで僕がって。自分が一番しっかりしないといけないなと思いました」

その時の様子を、同じく代表入りしていた関東学院大の大島は覚えている。二十代前半にして物事全体を俯瞰《ふかん》、そのうえで端的に説明する。

「もともとあいつは人にものを言うタイプじゃないし、言葉の壁もある。だからプレーで引っ張ろうとしているなと、僕はすごく思いました。リーチがタックルに行っていると、俺らもって思うじゃないですか」

間もなくリーチは、正規の日本代表にも入った。二十歳だった。

「すごく嬉しかったです。嘘だと思ったんですけど」

ちなみに国際ラグビーボードが決めたルールでは、どの国であれ、その地に三年以上住み、他国の代表経験のない選手はその国の代表になれる。二〇一一年のワールドカップに挑む日本代表ヘッドコーチは、元ニュージーランド代表のジョン・カーワンだ。そのためか、ナショナルチームには外国籍選手が少なくない。

東海大の二年生は二〇〇八年十一月十六日、愛知県名古屋市の瑞穂ラグビー場で代表デビューを果たした。

アメリカ戦に後半6分から交代出場した。二十一分後には思わず、球を持った相手を大きく担ぎ上げてしまった。「危険なプレー」と判定され、十分間の退場処分を受けた。それでも首脳陣から変わらない信頼を得続けた。翌週の同カードでは先発した。

ジャパンの愛称で知られる代表チームの活動について、こう語気を強めた。

「楽しいです。色んな選手が集まってやるのも楽しいし、毎回、違うメンバーが入ってくるからそれを知るのも楽しいし」

そこでは「リーダーシップメンバー」の一人にもなった。

キャプテンの菊谷崇《きくたにたかし》を中心に、チームの結束力を高めるべく選手同士でミーティングを行うその輪に名を連ねたのだ。年は若いが、日本語と英語、日本文化とニュージーランド文化の両方がわかる。確かに適役だった。

抱負は。

そう聞かれた本人は、黒目の分量が多い瞳を下に向け、存在感ある口元を小さく動かすのだった。

「普段の練習からリスペクトされるようになりたい」

東海大も強くなっていた。

元サンリオの営業マンである木村は、全国の強豪高校に出向き有望選手を獲得。オリンピック選手も数多く輩出する大学の体育学部の特色を活かし、陸上競技や柔道のトレーニングを採り入れた。独自の強化カリキュラムで、高いレベルでのラグビー経験が豊富な若者をより強く、速く動けるアスリートにした。それに「ひたむき」という名の芯を通し、上昇曲線を描いていた。二〇〇七年からは関東大学リーグ戦一部で四年連続の優勝を果たした。

そんなクラブでリーチは華だった。

企業チームからの誘いも多く受けた。新聞や雑誌では、この人に関しての好意的な記事が躍った。勤勉だ、礼儀正しい、授業のレポートを丁寧な手書きの日本語で提出しているようだ、日本人以上に日本人らしいではないか、と。

ただ実像は、「順風満帆な学生生活」とは違う色を放っていた。

木村は、ラグビーや指導に関してぶれの少ない視点とユーモアを持つコーチだ。

強化には私生活の規律が必要だと選手寮の見回りをする一方、それを外部の人に伝える際は、「まぁ、前もって行くぞと匂わせますよ。でないと、部屋を見た僕が逆にびっくりしちゃうんで」と言った。

学部生でいた間、リーチはその木村とよく話をした。

練習の前後の時間、普段から開けっ放しにされている研究室の扉が叩かれる。コンコン。「監督、いいですか」。沈んだ顔の教え子がそこにいる。主務やコーチが使用する椅子に座り、思いや心配事をおもむろに話す。師は考え方のサンプルや必要最低限の答えを示す。教え子は退室する。このやり取りが、リーチの大学四年間で何度もあったのだ。

あらゆる意味で、リーチは「夢多き青年」だったと木村は言う。

「札幌で高校の先生になりたい」と言って東海大に入ってきた青年だが、日々を過ごす中でそれ以外の道も思い描くようになった。何かあるごとに新たな将来像を描き、それを実現させるためには何が必要かを師が伝え続けた。

冒険心強き留学生は、ラグビー選手としての岐路にも何度も立たされた。

大学二年の母国への遠征で、「よりレベルの高いところでラグビーをしたい」というアスリートとしての無垢な渇望を呼び覚ました。一時、ニュージーランド代表オールブラックスを目指すことも考えた。事実、ある現地人からラグビー王国の代表選手の登竜門の一つ、カンタベリー州代表への道もかなり明確に示された。

木村は当時のリーチを「悶々《もんもん》としていた」と振り返り、当の本人も「迷いましたね」と吐露した。

「でも、ずっと日本にいて、日本の指導者に教えてもらって、これで向こうに行ったら何か裏切り感があって……。まだ若いし。日本で頑張って実績を残してから考えた方がいいと思いました」

そのタイミングで日本代表に選ばれたことで、ラグビー選手としての将来像はある程度は固められたのだ。

しかし、そのこと自体が、生真面目な留学生の心理に少なからぬ影響を与えた。

代表チームは毎年、春、秋と選手を集める。社会人やプロ選手は会社業務や所属チームの練習に都合をつけ参加できるが、学生は、そのために授業を休まなければならない。ラグビー部にとっても、春はチームを作る上での大切なスタートライン、秋はシーズンのクライマックスの時期だった。よってリーチを預かっていた木村は、常にジレンマを抱えていた。

「彼中心ではないチームを作ろうとしていました。でも、彼には能力があるから、戻ってきたら中心になってしまう。リーグ戦の途中でそこの微調整をしなければいけない時もありました。マイケルのプレーがチームで求めていたものと違った時もありましたね。練習に出られなくても試合には出る。そのことは、部員もほとんどは、マイケルだから、と思っていたでしょうけど、試合に出るボーダーラインの選手の中には、正直、考えるところはあったと思います……」

日本の楕円球界のため、何より本人の成長のため、師は教え子に国際舞台に立たせたいと思っていた。ただ大学の教授として、クラブを率いる監督として、学生を送り出す上では日本ラグビーフットボール協会にいくつかの条件を出さねばならなかった。代表側が最重要視する試合には参加させるが、それ以外の時期は授業を優先させてあげて欲しい、といったように。出席日数の不足を何がしかの形でカバーできないか、大学当局にも働きかけた。

本人も教授の部屋を回り、特別課題の提出を申し出たりした。遠い場所に遠征する際は、無料インターネット電話のスカイプで補講を受けた。

それでも、融通を利かせてくれる教授ばかりではなかったし、同時に、オールジャパンというコミュニティでリーチは常に不可欠な存在だった。

木村もリーチも、平行線の間で生きるしかなかった。

四年の時は、リーグ戦の大一番の前日にあった国際試合で、リーチが控え選手に登録されたこともあった。結局、代表戦での出番はなかったが、高いレベルのラグビーでは異例となる連日での試合出場も十分にあり得た。予定外だったこの現状に、東海大のスタッフは驚いた。

リーチは疲れた顔で「大丈夫」と言った。

ひと握りの人が味わう苦悩のせいなのか。日本全国の大学生の親が羨むようなリーチにも、周りを慮《おもんぱか》る心を失いかけた時期もあったと、木村は振り返る。

ある時は「皆に支えてもらっていることを忘れるな」との問いかけに、頑張っているのは僕なのだからと言いたげな表情が浮かんだようだった。常に全力を出していたラグビーでも、大学のクラブでの練習を「調整」と捉えているように見えたこともあった。時にコーチを通して注意をし、時に直接、叱りつけた。

「そういう気持ちだったら、グラウンドに出てくるな」

大きな身体の留学生は、「シュンと」した。

もちろん、本人にもいくらかの言い分はあった。

リーチにとっての悩みの種は、日本代表のラグビーと東海大のそれとの両立だった。明確な決まりごとに従い自分がどう動くかの予測の立てやすいジャパンに対し、東海大はあえてその決まりごとをシーズン終盤まで設けないようにしていた。

全国十六強が冬に行うトーナメントの大学選手権では、二〇〇八年度に四強、〇九年度には準優勝とステップアップする中、木村は考えたのだ。短期決戦では自分たちのような新興チームは相手と五分五分の力量差では場の雰囲気に飲まれる。特に相手が伝統校であればなおさらだ。そのハードルを越すには、秋はチーム練習をして小さくまとまるより、他を凌駕《りょうが》する圧倒的な個の力をつけなければならない、と。

他の選手に比べ大学で練習する時間の少ないリーチは、チームプレーの練習をより多く求めた。それでも自分が不在の間に決まった方針は、そう簡単に覆せなかった。

「信じろと言われたから、信じるしかない」

胸中ではそんな思いを眠らせていた。

春先に中心選手が抜けても、東海大は秋のリーグ戦で無敵だった。しかし、いつもリーチがすっきりとした笑顔で試合を振り返るとは限らなかった。授業のやりくりはやはり難しくなっており、大学入学の本来の目的だった教員免許取得は、断念した。

監督と有力選手の認識の差は、きっと多くの時間が流れてから解消されるのかもしれない。この件について、卒業から数ヶ月しか経っていないリーチは多くを語らなかった。

学業との両立、二つのラグビーとの両立。

留学生選手が抱えていた懸案事項について、木村が述懐した。

「教員免許に関しては、本人が諦めたいわけではないのに諦めざるを得なくなったので、僕も引っかかっているんです。単位の取得が難しくなったのは大学三年の時でした。学業と、日本代表とのバランスについては本人とも何回も話しました。話をすればわかる子なので。マイケルは出し惜しみせず、精一杯プレーする人間ですが、そう見えなかった時期もあるんですよね。私も多少は脚色して、マスコミの方には彼の優等生っぽい部分を話してきましたけど、勘違いのようなことはあります。まぁ、それも本当の勘違いではないんですけど、全てが百点満点なんてことはないですよね」

リーチの授業の履修や将来設計のために多くの人が動いたことについても、こう分析した。教え子を悪く言うことは趣味ではないし、そもそも悪く思っていないのだ。

「彼はすごく真っ直ぐな子。僕らに、彼のために動こうという気持ちにさせるんです」

後に東芝ブレイブルーパスでリーチの仲間となる大島も頷《うなず》いた。少し向こう側を見ながら、二十歳以下代表時代を思い出した。

「リーチが必死だから、僕らもリーチをカバーしたくなるというか。もちろん、あいつは皆に助けてもらおうとか、そう思ってやっているのではないんですけど」

忘れられない光景が木村にはある。

自身が受け持つ一般学生向けのラグビーの授業に出るリーチの姿だ。国際試合の翌日も、ゆるい型のトレーニングウエアを着た女子学生たちと芝の上を駆けていた。タックルの代わりに腰につけたタグを取るタグラグビーというゲームなら、男女ともに楽しめる。学年を重ねその授業を履修できなくなっても、ニュージーランド人学生は「お手伝い」と称し、顔を出し続けた。師は「怪我はお前の責任だぞ」と念を押し、参加を許した。

「女の子にタグを取られたりする。面白いのは、そこでムキになる。夢中なんです」

卒業時、リーチは学業と部活動で顕著な成績を収めた学生に贈られる総長賞を受賞した。

湘南キャンパスにある人工芝のラグビー場の脇には、桃色の花が咲いていた。

二〇一一年四月。春になった。

リーチは二十歳以下代表の監督だった薫田との縁もあり東芝に入った。その傍ら、大学院にも進んだ。いずれはラグビーの指導をしたいと考えているのだ。教員免許取得ができなくなっても、人にものを教えることは好きだった。

「たまに札幌に帰って山の手の一年生を教えたら、速攻、伸びた。楽しいなと思った」

その実感をより深く味わうべく、コーチングに必要な専門知識と技能を身に付けようと考えているのだ。無論、プレイヤー人生の完全燃焼を優先しながらだが。

視野を広げるべく、リーチは木村以外の教授のもとで学び始めていた。宮崎県で行われた日本代表合宿を終えた直後、「体育学研究科体育学専攻修士課程」の学生としてキャンパスに出向いた。ワールドカップがあるために出席しづらくなる授業の担当教官の研究室に頭を下げて回ったのだ。代わりに課題を出してもらったり、補講をしてもらえるようお願いした。

かつての師にも挨拶をした。「もう、俺んとこの学生じゃないんだから帰れよ」と笑いながら、木村は部屋に招き入れた。

季節は変われど、大学最後の試合となった選手権準決勝の日のことをリーチはしっかりと覚えていた。

「スパイク忘れて……。最後に伝説を残した……」

相手の帝京大は、前年度の決勝戦で敗れた相手でもあった。何とか雪辱を晴らしたい。それを叶えるだけの力も付けた。そうイメージしていた。結局、相手の戦略に飲み込まれた。

「きっかけを与えさせない」

勝った帝京大の岩出雅之監督は、相手の背番号7をつけた日本代表選手の対処法について、こんな話をしていた。リーチがいい動きをしている時は、リーチの前にボールを持つ選手の動きがいい。そこをきちんと止め、複数人で囲い込む。その間に守備網を敷く。続けていくうちに相手の心拍数は乱れるはずだ、と。

リーチ本人の実感はどうか。

「個人プレーばっかりでしたね。全部、一人、一人。チームプレーがなかったです」

本来の東海大の生命線は、基本プレーの徹底だった。

例えば、ボールを地面に置く時はなるたけ身体を自陣側に伸ばし両手を添えるといったようにである。ただ、能力高き面々が揃ったこの年のチームは、「片手置き」の選手がいてもある程度は戦えていた。人が心から原点に返ろうと思うのは、大抵、何か痛い目にあってからだ。東海大は、「個人プレーばっかり」でもリーグ戦や選手権序盤は快勝し続けていた。

落とし穴はそこにあったのではと指揮官も反省した。キーマンの動きを軸に、こう振り返るのだった。

「リーチも、そこは行かんでもええやろという所まで突っ込んでいた。修正できなかったですね。まぁ、感傷的に見ればそうなんですけど、現象面だけで見ればタックルも外されていたし、ミスもあった。負けに不思議の負けなし、です」

季節は変わり、太陽はとげの少ないやわらかな光を放っていた。

研究室回りを済ませたあの日の「7番」は、ラグビー場へと歩いた。残された後輩部員にこう伝えるのだった。

「小さなことから、大切にしていこう」

必死に頑張る。気づいたら周りの人に助けてもらっている。そんな真っ直ぐな人間関係に支えられる中、たくさんの果実が視界に入って本来の自分を見失い、軌道修正し、「小さなこと」にまで力を込める姿に戻る。結局、人々から愛され続ける。

そんなリーチは秋、ラグビー日本代表選手として母国に帰る。オールブラックスの愛称で知られるニュージーランド代表と、予選リーグで対決する。

「楽しみです。オールブラックスとやるのが一番楽しみ。いつも通りプレーしたい」

きっと充実した日々を送っているのだ。親友のイーリによる「遠慮をする人」との印象について聞かれても、日本代表での現在進行形の話題を持ち出した。

「遠慮、それもプレーに出ちゃうんですよ。もっと、ガンガン行けばいいのに、やらない、みたいな。パワーとかスキル持っているのに出さないと、JKにもよく言われるんです。今は心配しないことを意識してます。色んな心配事をなくす。楽しむ、と」

JKとは、元オールブラックスのエースで日本代表ヘッドコーチを務めるジョン・カーワンの愛称だ。リーチはこのJKを心の英雄だと考える。

ワールドカップは、何のために戦うか。

「難しい質問ですね。何のためだろう。国のためじゃないですか。国を代表してるから」

自分の姿をこれ見よがしに賞賛されることを、きっと本人は望んでいない。

学部生時代、いつものように師の研究室を訪れた教え子は、自分について書かれた記事を読んでは笑っていた。

「ちょっと、褒め過ぎですね」

ダーツの巻
田中史朗
TOP LEAGUE

写真　志賀由佳

ラグビー日本代表の練習が終わった午後、東京は霞ヶ丘の国立競技場は晴れていた。

翌日の試合に出る予定のため、当時二十三歳の田中史朗《ふみあき》は、自分と同じかそれより少し背の高いジャーナリストたちに囲まれていた。

この年の五月三日、アジア五カ国対抗でのアラビアンガルフ戦で代表デビューを飾っていたが、手ごたえのある相手との国際試合は未経験といってもよかった。

次の相手はクラシック・オールブラックスだ。元ニュージーランド代表の大物ばかりを集めたオリジナルチームである。日本代表がジャパンXVと名称を変えて臨むその試合は、極東の島国が列強国と戦う上での試金石とされていた。

「アラビアンガルフ戦はリザーブで、自分が入ったときは点差も離れとったんであまり緊張もせず。ただクラシック・オールブラックスは、相手が今までずっと観てきた英雄なんで。勝ったらファンの人も喜ぶやろうし、でかいことになると思いました」

身長一六六センチ、体重七十キロの田中は、スクラムハーフという位置を務める。

ごく簡単に言えば、前で身体を張る大きな人が確保した球を、後ろの速くて巧い人に渡す繋ぎ役だ。小回りが利きパスの得意な人が任されるから、身体の大きくない人が活躍しやすい。それでも世界最高峰の選手と比べると、少しだけ背の高い日本人女性ほどのこの若者は明らかに小柄だった。

　つぶらな瞳に赤い頬と、その顔つきには甘さを残している。頭髪はキューティクルを輝かせるショートボブか、ビッグゲームの前にバリカンをあてた丸坊主だ。冬場に被る耳あて帽もよく似合い、あちこちで「少年」と呼ばれる。実際、海外では実年齢を告げてもしばしば疑われる。

　意気込みは。

緊張は。

あの時は、新顔がよく聞かれる質問にうつむき加減で答えていた。

明日はどんな試合にしたいか。小さな、しかし確かな声を発した。

「自分がミスしてもいいから、組織で勝ちたい」

勝ちたい。

それは田中にまつわるメインキーワードだった。

所属先のパナソニックワイルドナイツ、当時の名称で三洋電機のクラブハウスには、ダーツやビリヤード台がある。練習後などの休息の時間、そこで選手たちはくつろぐのだ。

仲間同士で木製のキューやプラスチックの矢を手に取った際、童顔のスクラムハーフは勝つと「腹が立つくらいに喜ぶ」。チームメイトにはそう見られていた。

「負けると、今度は自分が勝てるような感じにルールを持って行って」

酒席で年上に「僕の方が一杯多い」と絡む姿も報告されている。もっともそんなプライベートでのひとコマが選手としての姿勢とリンクしているため、田中は信頼されるのだが。

諸々の指摘に、本人は首を傾《かし》げるのだった。

「いや、ダーツもビリヤードも下手なんで、そこでは負けず嫌いではないです。冗談で俺の勝ち、とかはやりますけど。最近は、酒癖もよくなってきて……」

勝利への執念は、試合中の目の動きに表れる。

パナソニックと並んで強豪とされる東芝ブレイブルーパスの中核、仙波智裕は言う。

「田中は、アタックの時はずっとどこかに空いているところはないかを探している。守っている僕と何度も目が合うんです。こっちが大差で勝っている時も気が抜けない」

自分たちの張った網に隙があれば、それが東京の神楽坂の裏路地くらいの幅でも、簡単に短いパスでえぐられてしまう。それはチームメイトとの無言のコミュニケーションで成り立っているプレーだと、本人は分析する。

「意識はしてないですけど、前を見て、目の前に人がいればボールを放す。他には、自分でスペースを作って、パスを放ってあげる。相手が自分を見出した時に入れ違いで味方に突破させるんです」

東芝には「田中コール」がある。

直接対決の折、密集で田中がボールを持てば周辺のプレイヤーが「田中、田中!」と名指しで警戒するのだ。スペースを射抜くスクラムハーフを警戒しているからである。他クラブとの対戦ではあまり行われない所作のようだ。

二〇〇八年五月三十一日、東京は霞ヶ丘の国立競技場。

ジャパンXV対クラシック・オールブラックスの一戦が始まった。

背番号9をつけた丸顔の男性は、足元に転がる楕円球を軽快に捌《さば》いた。「ディフェンスでは負けたくない」。口癖に隠された思いを、大物たちの顔を歪ませるタックルに変えた。ゲームは13―15で敗戦も、田中はこんな愛称を得た。Baby assassin。小さな暗殺者。

「ちょっと恥ずかしいですけど。ベイビーアサシンって」

以後、この季節の代表戦のほとんどに出た。激しさと風貌の「幼児性」からか。対戦するトンガやフィジーの大男に何度も頭を摑まれた。

普段は隠している鋭い爪を振り抜くパンダのように、田中は強く払った。

京都府に生まれた。

いわゆる不良学生がラグビーの虜になる山下真司主演の名物ドラマ『スクール☆ウォーズ』のモデル、京都市立伏見工業高校を二〇〇三年三月に卒業した。

進学先の京都産業大学では一年から試合に出た。十九歳以下の日本代表でキャプテンになった。

その代表チームに参加した山田章仁《あきひと》は、後に三洋電機ワイルドナイツでも仲間となる。

「本人はそんなことないって言うと思いますけど、キャプテンには向いていると思います。練習でも皆を引っ張るし」

昔と今のシーンを重ね合わせてこんな風に言った。確かに、本人は「そんなことない」と思っている。

「自分がチームをまとめてる感じはなかった。プレーでしっかりしようという思いはあったんですけど」

ただ、この時からはっきりと自覚していた。将来、僕はラグビーで身を立てるのだと。周りの「空気」とは関係なく、描いた像に近づくための一挙手一投足を選ぶようになった。同じ意識を持つ後輩には、その意志に基づく助言もした。

関東学院大学や早稲田大学といった、その時の全国的な強豪大学に進んだ友人から、各チームのウエイトトレーニングの内容を教えてもらった。それぞれのトレーナーが考えたであろう負荷、回数を参考にし、自己練習に取り入れた。俺も関東学院大のメニューをやりたい。そう語る同級生や下級生にはその内容を教えた。

大学のラグビー部で一学年後輩だった長江有祐《ゆうすけ》は、そのたんぽぽの笑みを異国の地で見つけた。

田中は一年目の冬から二年目の夏頃まで、ニュージーランドのオークランドへ留学をしていた。豊富なキャリアを誇る上級生の存在はかねてから認識していた長江だったが、所属先の京都産業大がその滞在先に遠征したことで、ようやく初対面がかなったのだ。

本当にラグビーを楽しんでいる。

噂の先輩からは、そんな様子が伝わってきたと長江は言う。

入学したてで目の前の練習についていくのがやっとの自分と比べると、田中はいつもグラウンドで笑っていたように見えた。

ニュージーランド合宿中のある夜、学校から持ってきたボールの数が足りないことがあった。日本のスポーツクラブに根付く上下関係のもと用具管理を任される下級生は、大慌てでだった。人気《ひとけ》のないグラウンドや宿舎の隅々を探し回った。ありかを見つけて脱力感を覚えた。そのボールは、田中が抱えて眠っていたのだ。

「ボールは好きやったんで、高校の頃はずっと持っとこうとは思ってましたけど、大学でもあったかなぁ」

誰もが改めて思った。

この人はどこまでラグビーが好きなのだろう、と。

その印象は帰国後も続いた。大学の試験期間中は部活が休みになるが、それでも「フミさん」は練習場に出た。肉体接触を伴わないタッチフットというゲームを後輩たちと楽しんでいた。本人としては、道を切り開くための地は図書館よりもグラウンドだった。

「ミスしても勝ちたい」という言葉に繋がる気質。

それも当時からあったと長江は振り返る。

圧倒的に格上とされる大学との試合でも、何とか勝機を見出そうと隙間を探し、猛者《もさ》に己の身をぶつけていた。さらに、「いやらしい」とされる所作も繰り返していた。

ラグビーのボール争奪局面では一般的に、スクラムハーフは地面にある球を触ればそのままパスしなければならず、「球を触ってパスするふり」は反則となる。ただ、田中はレフリーの見えぬところで「パスをするふりの一歩手前」を試していた。球のある場所へほんの少しだけ上体をかがめる。疲れた相手のリズムを崩す。そうして何食わぬ顔でプレーを続けた。それが代表スクラムハーフのかつての姿だったと後輩は語る。

「外国人の選手はあまり引っかからんのですけど」

本人はそう言いつつ、大学卒業後に進んだトップリーグでも試みている「いやらしい」動きだが、当時の相手は学生だ。いくら真剣勝負とはいえ、そこに生活までは賭けない者を前にしても徹底的に勝利を求める。そのさまで必要以上に顔をしかめられもした。が、きっと、本人は意に介さなかった。

経歴に小さな句読点が打たれたのは、大学三年生になった時だった。所属の関西大学リーグ戦で、先発オーダーから「フミさん」の名前が消えたのである。

原因は実力以外の何かだろう。第三者は概ねそう解釈した。事実、それを肯定する近しい人物もいた。

自分が将来ラグビーを続けるのだという自立心の高かった田中は、目的実現のため必要な知識を貪欲に集めていた。その延長線上にあったのが他大学のトレーニングメニューの入手であり、自チームの伝統的な練習へのかすかな懐疑だった。

大学の部活動とて社会の縮図である。自分の意思と違うことを強いられても、どうにか折り合いをつける選択肢はあるにはある。事実、京都産業大ラグビー部でもそうする選手はいた。田中は、それをしなかった。時の指導者に反論と受け取られかねない「質問」をしたのである。真骨頂である負けん気には、きっと強情も多分に含まれていた。

最前線から自分の名前が消える。そこへの不安はなかったか。

大学を卒業してしばらく経って、本人は「いや」と否定した。

パナソニックの三宅敬《たかし》は、在籍した時期こそ重なっていないものの、田中と同じ高校を出ていて、将来は指導者の道も考えている。後にチームメイトとなる当事者または周りから聞いた話と一般論を交え、こんな説明をするのだった。

「指導者からすれば、自分の意見をはっきり持つ選手は白にも黒にもなりうる。選手の意見を全て否定するのも、全て受け入れるのもだめというのが僕の持論なんですけど、その難しいバランスの中、指導者が持っている揺るがしたくない芯を選手に突かれたとき、言うことを聞くか、そこは理解してくれと説くか。そこが上手くかみ合わなかったのかなと思います。史朗はチームをよくしようという純粋な気持ちで意見を言ったのだろうし、気持ちもわかる。ただ、僕は第三者なのでどちらかに天秤《てんびん》を傾けるという気はなくて……。難しいところだと思います」

当時先発だった選手が卒業すれば、「スクラムハーフはフミさん」という雰囲気が部内に漂っていた。実際、最終学年の田中はレギュラーに戻った。全国の大学クラブがしのぎを削る大学選手権で、チームは九季ぶりに準決勝へと進んだ。

当時の指揮官と選手の間柄は、時間が経てば通常のそれに戻った。

卒業後の二〇〇七年に進んだ三洋電機は、群馬県太田市を本拠地としていた。ここで田中はまず、驚きと共感を得た。

驚きとは、チームの練習に対してだった。

特に体力アップに用いられる春先は、関西弁でいう「しんどい」そのものだったと当時のルーキーは言う。

京都産業大でも体力強化はなされていたが、それはひたすら走りまくるというシンプルなものだった。かたや新環境でのそれは効果的で多彩だった。距離の長短を織り交ぜた走り込み、科学的根拠に基づくトレーニングメニュー。それらが新人に負荷を与えた。

共感とは、その「しんどい」練習を楽しもうというクラブの気風《きふう》に対してだった。強制、厳罰といった趣《おもむき》はなかった。むしろ主力選手が辛い方へ、辛い方へと自分を追い込んでいた。そうした普段の姿勢が競《せ》った試合での踏ん張りに繋がると、後に田中も気付くこととなる。練習態度がレギュラーの決定に大きく関わる方針は、少なくともこのチームでは納得できるものだった。

練習メニューにも、「しんどいことを楽しく」の意図が表れているように見えた。

例えば「自分ひとりサボれば穴が開く」球技形式の体力強化メニューがあった。無意識のうちにボールを抱えて床《とこ》についたこともある田中は思った。

「そこで勝てれば楽しいですし、チームの信頼を得られる」

首脳陣は選手を見極めるうえで、「先入観」のボリュームを下げるよう努めていた。だから意思の強い勝ち気な新人も、純粋に能力だけを問われた。元日本代表で不動の正スクラムハーフだった池田渉の故障もあり、守備力が長所の田中はレギュラーに近づいた。

とはいえ、その先に繋がる一本道は、すんなり用意されたわけではなかった。

本人も、夏場のプレシーズンマッチに先発し続けながら、「納得できない状態が続いていた」。開幕後も試合に出られるかに対しては疑心暗鬼だった。

レベルの高いルーキーが試合に出るにあたっては、いかにもともと出場していた選手に認められるかが鍵になる。

ましてスクラムハーフは電車の連結部分にあたる。球の奪い合いに身体を削る八人のフォワードに前線で指示を出し、ともに攻撃を組み立てるスタンドオフに心地よいリズムでパスを渡す必要がある。要は、皆と連携が取れなくてはならない。

当時チームのフォワード陣は代表経験のある個性派揃いで、スタンドオフはトニー・ブラウンだった。特に元ニュージーランド代表でブラウニーの愛称を持つブラウンは、チームの作戦中枢を担っていた。相方のスクラムハーフへの要求のレベルは高かった。

田中は語る。

「夏はトニー・ブラウンにも怒られ、フォワードにも怒られ。最初はブラウニーの……が怖くて」

肝心のパスの軌道がそれるたび、アルファベットの「F」で始まるスラングを吐かれたのだ。トップリーグ開幕戦のスターティングメンバーの座は、そうした発展途上の中で勝ち取った。池田の負傷が長引いたため、序盤の試合にはそのまま出続けた。攻撃時は司令塔の「F」を聞きながら、守ってはとにかくボール保持者に喰らいついた。

それ以外の場所ではとにかく話を聞いた。

三宅はこう述懐する。

「トニー・ブラウンとも通訳の方を通じてコミュニケーションを取る努力をしていたし、話しやすい選手からチームの色んなことを聞いて、フォワードをコントロールする勉強をしていました」

パスの精度に関しては、ブラウンも文句を言うだけでなく投げ方のアドバイスをした。素早くボールを拾う。同時に投げる方向へつま先を見せ、フォロースルーの勢いを利用して次のポイントに移動せよ、と。

当初はずっと信じてきた「地面を両足で踏ん張り全身運動で投げる」という手法を否定された感もあった田中だが、自分なりに考え、二つのスタイルを状況に応じて使い分けることにした。近くに確実にパスするならブラウンから聞いた投げ方、遠くへ素早く放るなら自分の慣れ親しんだ投げ方を試みた。

最初は池田と田中を比べる傾向のあった先輩たちは、やがて田中の田中なりのよさを認めるようになっていた。

開幕から先発出場を続ける新人は、試合が終わるたびに新聞記者に囲まれるようになった。自分はまだまだですと謙遜しつつ、「負けたくない」を繰り返した。

ラグビートップリーグのリーグ戦十三試合に先発し、二〇〇八年二月十七日、プレーオフトーナメント準決勝に臨んだ。場所は地下鉄外苑前駅からほど近い秩父宮ラグビー場だ。対するは前年度に優勝していた東芝だった。

13—14とわずかなビハインドを背負って迎えた後半29分。

大男が組み合うスクラムの足元のボールを、田中が後ろへ回そうとした途端だった。パスコースに相手のキャプテンである廣瀬俊朗に走り込まれた。インターセプトから独走トライを許した。直後のゴールキックも決まった。

13―21。

ここが勝負の分かれ目になってもおかしくなかった。

灰色に沈んだ顔の田中を前に、しかし、朱色のジャージィを着た三洋電機の面々は口々に叫んだ。

気にするな。次だ。

35分、この年のリーグ戦でトライ王の北川智規が18―21と詰めた。

ロスタイム。無償で新人研修を買って出ていたチームの柱、ブラウンが逆転した。

最終スコアは25―21、決勝進出。背番号9は安堵した。

結局、この年度の新人王を獲得した。表彰式では、お辞儀をして壇上のマイクに頭をぶつけるという典型的なユーモアで笑いを誘った。翌春の日本代表のリストに名を連ねた。

あの日のクラシック・オールブラックスとの八十分間など、国際的選手として小さくないキャリアを積んだ。その後のトップリーグのシーズンでは、ブラウンのレッスンが応用編に突入した。

「一年目はリアクションするだけ。二年目はそこに自分の判断を加えていく」

そうして二〇一一年に至るのだった。

何のためにラグビーをしているのか。

日本代表の試合を終えたばかりのある夜、田中はこう答えたことがある。

「子どもたちのためにです。試合をしていると、まだ言葉も上手く話せないような子が頑張れって叫んでくれる。僕はこんな顔のせいか子どもたちが寄ってくる。僕も、子どもが好きなんで」

子どもと間違えられやすい風貌の青年は、子どもが好きだと言った。

プロ選手としての活動の傍ら、高校教員免許の取得のために大東文化大学に通っている。ラグビー部の指導者を目指しているのだ。ただ、一番教えに行きたい場所は、免許の必要がない京都産業大だと考えている。

そこで目指すチーム像は。

「しんどいことを楽しく。そういう三洋みたいなチームを作りたい」

初代表を果たした入社二年目の秋は、一つ、違和感に近いものも抱えていた。

元気はつらつで動けたルーキーイヤーと比べ、体力面でしっくり来ない感覚が抜けなかったと、少なくとも本人は思っていたのだ。

この人にとって春先は「走ったり、しんどいこと」に取り組み体力をつける時期だったが、二〇〇八年のその時期に参加した日本代表のトレーニングは、目の前の試合に向けた調整が主だった。

「でもジャパンやし、ひとりだけ勝手な行動をするわけにも……」

十分な走り込みをせずに三洋電機の秋のシーズンに入り、ツケが回ってきていると田中は感じた。

当時、ラグビーのルールがより運動量を求められるようになったことにも追い討ちをかけられた。具体的には、相手ボールのスクラムではルール改正前より五メートル後ろへ下がらなければいけなくなった。よって一回の守備で走らなければならない量が五メートル増えた。それが積もり積もったために、終盤にキレを失うプレイヤーは多い。本人からすれば、田中もその例に漏れなかった。

周りからは「気にする必要はないのに」と不思議に思われたが、自分の中でのジレンマは、二〇一一年になっても解消しづらいようだった。

そうした現実に、持ち前の気質で抗《あらが》っている。

二階にビリヤード台やダーツがあるクラブハウスの一階は、トレーニング場になっている。部屋の入口を通ってすぐの場所に並ぶエアバイクの一台に田中は跨《また》がり、漕いでいる。高地トレーニングを再現するATSというマスクを口に当てて。

小さき者と視線を揃え、他方、大きな者にも負けまいと研鑽《けんさん》を積む。

その姿について、所属先でキャプテンの霜村誠一は語った。根っこには、相手を肯定する愛を込めていた。

「子どもがグラウンドに来ていたら絶対に一緒に遊ぶし、そのあとは自主練もしている。プレーもすごい。僕らは史朗のアホな方と凄い方、二つ見ている」

取りようによっては棘《とげ》にも映る白星への執念も、時に年上の選手に自宅まで送ってもらわねばならなくなる酒席での過ごし方も、強風吹きすさぶ北関東の地で認められた。

現役選手だった二〇一〇年度までチームの王だったブラウンからは、むしろ「コミュニケーション能力」が評価された。

そんな背景を持ったスクラムハーフが、ラグビー日本代表にはいるのだ。

三月十一日、この国で大きな地震が起きた。

秋のワールドカップニュージーランド大会に向けて予定通りの遠征を行うジャパンの一団にあって、田中は日本ラグビーフットボール協会ホームページに掲載される遠征中の日記コーナーを担当した。被災地出身の選手と手記のやり取りをする中、その惨状は他人事だとは思えなくなった。

ワールドカップ、何のために戦うか。

「日本のためというのが大きいですけど、今は東北の方に少しでも元気を与えられたらって思ってます」

自分を貫く点がフォーカスされがちな小さき代表選手は、人のために戦うと宣言した。

なお、メディアを通して語られる田中の「幼児性」も決して虚像ではない。代表チームの練習後、少なくないニュージーランド人選手たちにちょっかいを出してはしばしば追い掛け回されている。これも「コミュニケーション能力」。

柿の種の巻
畠山健介
adidas
intel
SUNTORY

写真　長尾亜紀

畠山健介という力のある選手が入部するらしい。

噂を耳にしたことはあるが、一体、どんな奴なのだろうか。早稲田大学の新三年生だった青木佑輔は会うのを楽しみにしていた。

その新一年生は高校最後の冬、十九歳以下の日本代表としてアジア大会に参加していた。所属の仙台育英高校が全国高校ラグビー選手権大会に出場する中とあって、チームに残るべきか否かで迷うも、より強くなりたいからと決断した。新聞や専門誌でそう書かれている。

あちこちで「東北ナンバーワンプロップ」と呼ばれており、高三春の全国選抜大会で当時の清宮克幸早稲田大監督を魅了した。任期五年間中、同監督がひと目で獲得を決めたわずか三人の中の一人だった。ちなみにあと二人は青木の代のキャプテンだった佐々木隆道と後に日本代表として長く活躍する今村雄太のようだった。

ラグビーで早稲田に入りたい。そんな純粋な願望を本人も持っていた。だからだろうか。大学側の意思はすぐに嗅ぎ取れた。

西武新宿線上井草駅から商店街を通り抜けた先に、早稲田大学ラグビー部の敷地がある。

そこには彩度の強い緑のラグビー場が二面とウエイトトレーニングルーム、学生寮がある。

門の前で桜の花が咲く二〇〇四年四月、新入生がやってきた。着ている白いジャージィの胸元には、黒のマジックで大きく苗字が書かれていた。

広い胸に「畠山」と書かれた青年は、他の新人より少し遅れてやってきた。十九歳以下の日本代表の活動があったためだ。

練習は地獄そのものらしい。新生活は上手くやっていけるのか。そんな調子で合流前から緊張するあまり、初日、寮の土足禁止の区域に靴のまま上がってしまった。青木に注意されさらに縮こまった。これはまずいと思った。

ただ、周りからの印象によればこの人は、春先から機関銃の口を休まず動かし続けていた。試合会場への移動でチームバスに乗れば、大声で喋り、歌っていた。すごい新人がやってきた。幾人かは、その思いにあらゆる含みを持たせた。

気持ちと口調が穏やかで、保守的な上下関係を他人に強要するつもりはなかった青木も、物怖じする様子の全く感じられない新入生には、驚かざるを得なかった。

二人は寮の同じ部屋で過ごすことになる。いずれ両者の絆は強くなるのだが、最初は、後から来た者より先にいた者が受けるカルチャーショックの方が大きいようだった。

青木がパソコンにヘッドホンをつけてＤＶＤを観ていると、隣から別の映像の音が漏れてきた。すぐ横で、畠山が別の映像素材を防音せずに観ていた。「そこまで失礼な後輩だったかな」と、本人の記憶には残っていない。

掃除は一年生の仕事だったが、大雑把かもしれぬ後輩より、几帳面な先輩が丁寧に行った。

ある日、青木が部屋を綺麗にしたのに床にざらつきがあった。畠山が好きな菓子を食べこぼし、移動式の椅子の車輪でつぶしたからだった。外出から戻った深夜、やはり足元が汚れていると先輩は感じた。後輩をたたき起こした。

「お前、柿の種食ったろ」

ただ、そんな所作を繰り返す畠山には、どこか憎めない魅力があった。早稲田大卒業後もサントリーサンゴリアスでチームメイトとなる青木はそう考えている。

地方や海外の遠征で休息期間があれば、よく二人で遊びに出かけた。その時の後輩は「何を話しているかがわからないくらいに喋っていた」と、物静かな先輩は言う。

「当たり前のように喋っている。でも面白いですよ、大体。自分にはいないけど、弟ってこんな感じなのかなと思いました」

先の話だが、大学卒業後もよく「青木さんの家で飯が食いたい」と畠山は申し出ている。

二〇一一年春にあった日本代表合宿前は、やはり昔から行動を共にしていた佐々木にサントリーの新人だった日和佐篤《あつし》を加え、青木宅で焼きうどんを食べた。作ったのは先輩だった。

永遠の弟分は語る。

「早稲田には、基本的に嫌な人はいない。怖い先輩はいるんですけど、意地悪な先輩はいない。しっかり決まりを守ればかわいがっていただける。のびのびしてしまった結果、そういうことになったんだと思います」

競技に直接は関係のない話題も豊富に持っていた。

後に入った日本代表のとある練習後のグラウンドに、晴天なのに雨が降った。

「お天気雨は狐の嫁入り。知らない？　そういう都市伝説がある」

言い伝えを「都市伝説」として、畠山は周りに話した。

「どうでもいいようなことを覚えるのが好きで、それをひけらかして得意気にしたい。食事の輪の中で喋るのも好きなので、その時のネタに困らないようにと。飲み会とかでも、格好つけたところで格好つけたデブになるので、盛り上げるキャラにならないといけない。そういう役割分担みたいなものを知っておいた方が円滑に行くというか」


大学のラグビー部員として、畠山はすぐに頭角を現す。

このスポーツにはスクラムというプレーがある。軽い反則があった時に互いの頑丈な八人同士が密着して組み、その足元に転がったボールを奪い合うセットプレーの一つだ。このつば競り合いをいかに支配するかが、見えない勝負の分かれ目になることも多く、最前列で組むプロップの選手が強ければ、指導者は戦いの目算が立てやすいとされる。

ある日、そのスクラムの練習に主力チームの控えのプロップとして参加した畠山は、ぶつかった瞬間、その衝撃で自分を摑む対面《トイメン》の選手の腕を弾き飛ばした。その場にいた部員には強烈なイメージを与えた。

シーズンが始まる秋には、将来性ある右プロップとして頭角を現した。当時四年生で不動の存在だった伊藤雄大が先発、中盤および終盤から一年生の畠山がグラウンドに立つという図式ができていた。それは清宮克幸監督のもとで社会現象にもなりつつあった強い早稲田大における、勝利の方程式のようだった。

青木が驚嘆した畠山のプレーの一つは、二〇〇五年二月十二日に起こった。

東京は青山の秩父宮ラグビー場。

早稲田大が大学選手権王者として、サッカーのJリーグにあたるジャパンラグビートップリーグの強豪、トヨタ自動車ヴェルブリッツに挑んだ際だ。

この日は年齢、キャリア、体力で一日の長がある相手に、スクラムで劣勢に立たされていた。ところが後半31分から途中出場した背番号17の畠山は、低い位置から理想的とされる姿勢で組み勝った。隣のフッカーというポジションだった青木は助かった。

もう一つは翌シーズンの十月十六日、日本体育大学戦だ。

前半29分、先発した二学年下の巨漢が、ボールを得るなり豪快に相手を何人も弾き飛ばし、そのままトライラインを通過した。本人に喜んでいる様子がなかったため、余計、青木の印象に残った。

なおこのシーズン、この試合を95―0で完勝した早稲田大はまさに無敵だった。大学選手権二連覇を達成、前年度の日本選手権で9―28と敗れたトヨタを同じ大会で28―24と制した。当時のチームスローガンは「アルティメット・クラッシュ」。徹底的な破壊。

宮城県気仙沼市で四四〇〇グラムの男子として生まれてから、健介少年はずっと大柄だった。大学四年の時は一七八センチで体重は一二五キロ。加えてスキルフルだった。

松岩中学校時代にバスケットをしていたからか、球を扱う技能に秀でていた。相手の持っている楕円のボールを奪う、それを味方に繋げるといったプレーが得意だったのだ。スピードとサイズを活かした突破はライバル達の手を焼かせた。

さらにこのプロップは勘が鋭かったと誰もが言う。

特に青木は証言する。試合中、自分と同じペースで同じコースを走っていたはずの畠山が、突如、加速する時があったのだと。その時は行く先で大きなチャンスを作るか、得点に絡んでいた。いつしか気の利いたプレーができる選手として評価されるようになった。

本人は言う。

「ここで抜けるという感覚は、ずーっとやっていると養われてくる」

例えば一つの攻撃局面の流れが止まる。繋ぎ役のスクラムハーフというポジションの人がそこへ駆け寄る。今だ。球をくれ。果敢に声を出しパスコースへとスピードを上げる。スクラムハーフと息が合ってボールをもらえたら、大きく前に進める。

折しも、当時の所属先は最強を誇った早稲田大だった。味方には自分以外にもきつくマークされていた選手がたくさんおり、かえって攻め入ることのできるスペースは多いと畠山には思えた。自分をマークするのは大概、身体の重いプロップであることが多いだろう、とも。そこで相手が手を伸ばせぬぎりぎりの角度で走り込めば、正面衝突せず効率的に前進できた。大型選手にあっては足が速い資質を活かしたこの動きを、自身は「省エネ」と表現している。

待つのではなく動く。それもチャンスと出会うために心がけている作業だ。

球を受けに行く回数を増やす。実際に球をもらえなくとも、その作業を繰り返すことでパスの出し手に「ハタケはボールが欲しいのだ」と意識付ける。そうした無言のコミュニケーションがラグビーを支えていることは、もちろん畠山も理解している。

「回数をこなす。三十回行ったら、ここだというのが一回か二回は確実に来る。それを活かす。もらいに行くシチュエーションを増やして、もらうための信頼を増やす。根本が行きたがり、目立ちたがり屋で、行くコースに自信があるんです」

二〇〇七年度から慶応義塾大学の監督となった林雅人は、当時、雑談の口調でこんな分析をしたことがある。

「強いだけ、動けるだけのプロップはいる。でも、早稲田のプロップは強くて、動ける。だから早稲田は強いと思うんです」

二〇〇八年一月十二日、東京は霞ヶ丘の国立競技場には雨が降っていた。

慶応大との選手権決勝、四年生で副キャプテンとなっていた赤と黒のジャージィの3番は、その長所を見せた。小柄ながらクラブの伝統とされる「魂のタックル」を繰り出す慶応大の黄色と黒のジャージィを、濡れた芝の上に何度も沈めた。

清宮監督のあとを受けて就任二年目だった中竹竜二の打ち出す「ペネトレイト」、貫くという意味のスローガンのもと、早稲田大は26―6で勝利した。

二年の頃と四年の頃をこんな風に比較するのは、畠山らしかった。

「アルティメット・クラッシュとペネトレイト、言葉が違うだけで目指しているものは実は一緒なんですよね」

その身体と話し方と、何より豪快なプレーは、概ね周りから「自信満々」に映った。が、その奥底には不安の渦が巻いていた。「脅威の新人」とされた時の記憶は、必死さのあまり、ほとんど残っていないと本人は言う。

「基本的にはネガティブ。シチュエーションごとに大丈夫かな、やれるかなと思ってしまうことが多い。小学校から中学校、中学校から高校に上がる時に不安になるじゃないですか。それをラグビーの試合で常に感じるような」

普段の話し好きな気質も、きっとこの人の断片的な像でしかない。

二十五歳になった当時者は自己分析した。

「あまり外にも出る方じゃないですね。部屋に一人でいるほうが楽。買い物でも新宿に行って、迷って渋谷に行って、また新宿に行くという奇行を犯すので、人と一緒にいると迷惑をかけてしまう。だから一人のほうが楽というのがある。話すのは好きなんですけど」

大学を卒業した二〇〇八年、いくつかの企業から誘いを受けた畠山は、「自分の価値を高められる」と思いサントリー入りを決めた。二年先に入部していた青木とは再び仲間となった。あちこちで「学生随一」と謳われ、自らも「個人で強いスクラムを」と研鑽《けんさん》を積んでいた早稲田大の中心人物だったが、トップリーグ随一のプロップ陣を誇ったサントリーでは「スクラムが弱点」とされた。練習をしても、チーム内では二、三番手とされる、それでも戦車のような巨漢に押されていた。

本人初の社会人同士の練習試合では、当時NECグリーンロケッツ所属の強力な左プロップである久富雄一に歯が立たなかった。同じポジションの複数の選手が日本代表の活動でチームを離れており、ゲーム前に十分なスクラム練習が組めなかったことも背景にはあった。それにも関わらず、畠山はコーチにだめを出された。

東京都府中市の穏やかな住宅街の片隅にあるサントリーのラグビーグラウンドの脇に、そのエリアだけ緑色が濃く映《は》えるスペースがある。スクラム練習道場だ。

そこで元日本代表プロップ、別名「スクラム番長」の長谷川慎フォワードコーチが、期待の新人を鍛えた。

まず、畠山が組み合う際に反ろうとする背中について指摘した。それをまっすぐにせよと勧めたのだ。背筋の力だけではなく、身体の「コアで組め」と。自分と、それより後ろで組む仲間の力を相手にストレートにぶつけることがスクラムの肝だと長谷川は思っていた。それを畠山が全うするには「背中をまっすぐ」がマストだった。

本人も納得する。

「当たる前までリラックス、当たってからぐいっと伸びる」

教え子は器用だった。コーチの指示をすぐに理解できた。ただ、文字通り百戦錬磨の相手にぶれずにそれを行うには、もう少し時間が必要だった。しかも器用さの裏返しか。少し目を離せば、吸収したはずのものがするりと抜け落ちてしまうことも少なくなかった。追って日本代表に選ばれると、サントリーに戻ったところをチームに残っていた選手に押された。へイ、ジャパン。人工芝の道場で先輩方の野次を聞いた。

「サントリーの人、異常にスクラムが強いんです。スクラムはジャパンよりも、むしろこっちの方がしんどかった」

あくまで自チームへの賞賛の意味合いのみを込め、語るのだった。

従来から染み付いていた、それだけに克服困難な悪い癖を取り除くため、いつでも体幹を伸縮自在の鉄棒にして相手に当たれるようになるため、コーチは練習を撮ったビデオを観て微調整を繰り返した。背中の他にはつま先の向き、膝を地面に落としながらハムストリングを前に出す意識を植え付けた。先人が編み出したテキストを咀嚼《そしゃく》し、狂いなくできるよう休まず稽古を重ねる。スクラム力の向上は、きっと古典芸能の習得に似ていた。

「背中が直って、あとは色々とグジャグジャグジャーっと直すうちによくなった」

二〇一一年からヤマハ発動機ジュビロで指導する長谷川は、当時のことを適度に嚙み砕いて話した。

「フットボーラーとしては素晴らしかった。もともとよく喋るし、リーダーの資質もある。でも、スクラムは強くないという苦手意識があったと思います。そう思われたくないから強くなりたいと、僕の言うことを聞いてくれましたよね。質問もしてくれたし」

弟子は頷《うなず》く。

「やっぱり必要だと思ったから。自分に足りないものを考えた時、スクラムがまだまだと言われていた。慎さんのコーチングを受ければ伸びると思ってサントリーに入って、それは間違いじゃなかった。途中、怒られて怖かったりもしたんですけど、スクラム強くならないと先発できなかった。試合に出たかったんで、逃げずにやろうと思いました」

サントリーへの新加入年度、畠山はトップリーグ開幕戦のスターティングオーダーに名を連ねた。右プロップの先発として背番号3を纏《まと》った。前年度プレーオフ決勝で戦った三洋電機ワイルドナイツとの一番に臨む気持ちを、後にこう回想する。

「覚えてないですけど、緊張していたと思いますよ。新しい環境で最初の試合に先発で出るのは、高校でも大学でもなかった。しかも相手は去年、サントリーが決勝で戦っている。嬉しいというのも少しはあったんでしょうけど、どちらかというと不安になった」

長谷川によれば当時、選手選考の第一義だったスクラムの強さは「一番ではないけど一番と差はなかった」。球を捌《さば》く、走るという長所が買われた。この年の日本代表に選ばれていた池谷《いけがや》陽輔らとポジション争いを繰り広げ、リーグ戦全十三試合に出場、そのうち六試合に先発。トップリーグの最優秀新人賞に輝いた。都内での表彰式後、感謝した。

「慎さんはスクラムのメカニズムを言語化してくれた。基本的にスクラムのコーチングと言うと、いわゆる長嶋茂雄さん的なバーンとか、ダーンというのが多い。それも勉強にはなったけど、慎さんには言語化してもらえた。僕も自分のスクラムを言語化できるようになりたいです」

サントリーのプロップでレギュラーになればジャパンに入れる。この集団に息づく格言を裏切らず、シーズン中、初の日本代表入りを果たしていた。ナショナルチームの主力となるまで、それほど時間はかからなかった。

「前はどこか自信がなさげというか……そういうところもあった気はするけど、日本代表に入ってからのハタケと会うと、自信に満ち溢れていた。凄いなぁと」

こう語るのは、早稲田大時代にともに右プロップとしてプレーした伊藤だ。大学卒業後はヤマハ、リコーブラックラムズでプロ選手をしている。

自信をつける過程。

それを早稲田大、サントリーの監督として本人を指導し、二〇一一年からヤマハ監督を務める清宮は、どこか見抜いているようだった。飾りのない一語一語を繋げて言った。まずは第一印象から。

「うるせぇ奴だなって。ふふふ。でも、どっかでそれを作っている、演じてるっぽいところもあった。明るく振る舞おうとしている感じがしないでもないかなと。最近ちょっと落ち着いてきた。外から見ていてですけど、自然に振る舞っている。理由……まぁ、年を取れば人も変わるでしょう」

本人の実感はどうか。

「サントリーがトップリーグで上位、ジャパンは日本のシステムで一番上と、ある程度は上の方のカテゴリーになってきた。それ以上は環境を変えてないので、不安なのは日本代表で強い相手と戦う時とか、そういう大事な試合の前くらいですね」

最初から代表選手として臨んだ二〇〇九年度のトップリーグでも、畠山はリーグ戦全てに先発し、記者や各チームの監督の投票で決まるベストフィフティーンに二年連続で選ばれた。

「清宮さんが監督の時はスクラムで一番にならないといけなかった。逆にそこで試合に出らればジャパンが見えてくる。プレイヤーとしても伸びる」

前年に新人王を受賞したのと同じ壇上では、やはりわかりやすい感想を語った。

「昨季は17番での出場も多かった。それが今年は主に3番で出続けられ、誇らしいです」


指導者が変われば求められるものも変わる。

二〇一〇年度、サントリーはゼネラルマネージャー兼監督にエディー・ジョーンズを任命した。清宮と長谷川はチームを去った。

それまでは堅いセットプレーを軸としながら相手の強みを出させず戦う感があったが、新指揮官は、どのチームと対戦しても変わらぬクラブの戦法を貫こうとした。具体的には「アグレッシブ・アタッキング・ラグビー」を提唱した。自陣深い位置からでも積極的に走り、攻撃を仕掛ける。そんなスタイルを築くため、選手に運動量とスキルの高さを求めた。

畠山も「エディーさん」に言われた。

「ハタケ、今もいいプレイヤーだと思うけど、もっと伸ばせることがある。何だと思う」

「何ですかね」

「ボディファットはいらない。それを減らしてフィットネスを上げよう」

フィットネスとは、試合で最後まで動き回るスタミナのことだった。チームは春から夏にかけ猛烈な走り込みを敢行した。効果は後に現れるのだが、その副作用もあった。もともと力強さを持ち味としていた面々はしかし、秋のシーズン開幕時にはすっかり痩せていたのだ。クラブの歴史上珍しく、序盤のリーグ戦で黒星が先行した。

このシーズンから、畠山は自らの雇用形態をそれまでの社員からプロ契約に変えていた。「プレーがだめなら明日の飯に直結する」と己と厳しく向き合いつつ、入団三年目で主力となっていた自分は、チームの規範的存在であらねばと考えていた。その中で、新しいスタイルの導入により葛藤した。だが、それを理由に立ち止まるわけにはいかなかった。

とにかく最初に打ち出されたイメージを信じてみよう。チームの意思統一が徐々になされる中、自らもそれに準じた。一キロ走のタイムは四分台から三分台に縮めた。走って痩せた身体でも強くいられるよう、食事制限にも取り組んだ。百二十キロ超だった体重を百十キロとし、体脂肪率を二十パーセント台から十パーセント台に落とした。

もともと走れるのに、痩せてもっと走れるようになった。スリムになったのに、スクラムは強くなっている気がする。一緒に走る仲間にそう思わせた。

「人間、不思議なもので、走れるね、足、速いねと言われると、そうなんじゃないかなと思えてくるんです」

味方をサポートする速度と回数が上がったからか。人が作った密集からボールをもらうよりも、その密集の局面に自分が参加するシーンがより多くなったと背番号3は考えている。「地味なプレーを」。チームが派手な攻撃を機能させるたびに言った。

二〇一一年二月二十七日、秩父宮。約一ヶ月前にあったトップリーグのプレーオフ決勝で敗れた三洋電機ワイルドナイツ、後のパナソニックを制した。

畠山は社会人になり初めてチームタイトルを手にした。試合を終え、スタンド下の打ちっぱなしのコンクリート壁の前に立った。メモ帳やノートを持つ人々に声を張った。

「負けてから、なんで負けたかをしっかり反省して、練習できた。素直に嬉しい」

オフ明けは代表合宿で、今年はワールドカップイヤー。抱負は。

「今季できるアピールは全てしたので、あとは去年からどれだけ成長したかを見せる。それを遂行するだけです。日本のラグビーをして、勝つ時にはいつも畠山っているよねって思われるような、存在感がある選手になりたい。プレーは目立たなくてもいいので。日本代表は、日本一のラグビーをする役目があるし、勝つラグビーをしないと」

聞かれるべくして聞かれたことに、答えるべくして答えた。

社業を伴わないプロ契約を結んで得た実感。それについては後に語った。

「百パーセントラグビーに集中できるので、パフォーマンスがよくなったと思います。休む時間ができたのが大きい。休む分、練習にものめりこめる。逆にそこで風邪を引いたりしたらだめだと思うんですけど」

サントリーで新人時代から試合に出ていた青木は二〇一〇年三月、手術をした。

かねてから痛みを抱えていた首を精査した結果、頸椎の「七個あるうちの四個」にメスを入れる決断をしたのだ。

「ずっとしたくないと言っていたんです。首は大学生の時から痛かったし、それと上手く付き合えてきていた。むしろ手術したら終わるだろうとも思っていたんです。だけど、リハビリして復帰して、またすぐ怪我の繰り返しになってしまったので、限界だった」

決心までの逡巡《しゅんじゅん》、執刀後のリハビリの辛苦。畠山と同じくプロ契約を結んでいた青木にとって、それはおそらく向き合いたくない現実だった。

学生時代からの後輩はどう接したか。

普通でいたのだ。

いつものように食事に誘い、いつものように豊富な話題を振る舞った。がんばれ。負けるな。そうした「励まし」は、きっと必要最小限に止《とど》めた。

「そういうキャラじゃないので」

他人に無頓着に映りがちな畠山も、根本的には「優しい奴」なのだ。大学時代から先輩だった佐々木はそう言っていた。

新監督が就任した二〇一〇年度、青木はレギュラーに返り咲いた。シーズン終了後、しばらく離れていた日本代表候補にも入った。もちろんこれは本人の努力によるものだが、現役ジャパンである後輩の存在が大きかったことも事実である。

このプロップ、知性の人でもある。

無敵とされる大学で活躍し、名伯楽のいる名門に入り、二年を経てそのクラブとプロ契約を結んだ。歳が一緒で親交のあるパナソニック所属の山田章仁《あきひと》はこう言う。

「いい道を歩んでいる、では語弊がある。自分でいい道にしているって感じじゃないでしょうかね」

さらに学生時代についての回想、「スクラム番長」の指導から得た実感、プロ一年目のマイナーチェンジと、多岐に渡る逸話を過不足なく表現するのが畠山なのだ。

「言葉、僕にとっては大事です。説明を求められたときに説明できる方が、コミュニケーションにもなるし、相手も納得するじゃないですか」

無論、話したくないことは無理には話さない。あくまで知性と能弁さは、自らを守るための盾なのかもしれなかった。

二〇一一年三月十一日、東日本で大きな地震が起こった。畠山の生まれ育った気仙沼市は、津波に巻き込まれた。

仲間の証言によれば、衛星画像でその場の状況が見られるウェブサービスの「グーグルアース」で、本人は色味を失った故郷の風景を見て驚いていた。

数日間は連絡が取れなかった家族の無事を確認した。実家は波に流された。三月の予定だった自分の結婚式は延期した。生家の瓦礫《がれき》の中から日本代表のジャージィが出てきたが、それは美談ではない。自身の談話や行動として、こんなエピソードが報道された。

四月一日から宮崎県で始まった日本代表候補合宿に参加した当の本人は、「いるだけで周りを明るくする」いつもの姿だったと、帯同した他の選手が話していた。

五月七日、タイのバンコクであったアジア五カ国対抗のカザフスタン戦。ジョン・カーワン・ヘッドコーチにゲームキャプテンを任された畠山は61―0と大勝後、日本ラグビーフットボール協会の広報を通し「コメント」を出した。

「日本だけではなく、全世界の人たちにこのたびの東日本大震災のことを伝えていきたいと思います」

同時に、一介の競技人として評価されたいというプライドも持っていた。お仕着せの「ストーリー」の穴埋めに使われたくない気持ちも抱いていた。

「取材、嫌じゃないですよ。喋るのが好きなんで。またそれ聞くの、と思う時もあったりしますけど、僕はそんなに嫌な気もせず。ただ、調べたらわかることを聞かれるのはちょっと。自分から言うのはあれですけど、地震のことで囲み取材を受けた時に、そこで初めて見るような記者の方が……。聞かれたんです。家族構成は、出身地は、と。僕は取材してもらっている立場ですし口には出さないですけど、人間ですから色々と思います」

五月二十七日、代表遠征から府中市のクラブハウスに戻って来ていた畠山は、震災の話は聞かないで欲しいという条件のもとインタビューに応じた。

ワールドカップ、何のために戦うか。

一人のラグビー選手として考えていることを強く押し出すのだった。

「自分の夢がワールドカップに出ることなので、自分の夢を叶えるために戦います。なんか、小学校の卒業ビデオで言ってたんです。早稲田か明治に入ってワールドカップに出たいですと。変な話ですけど、小さい頃の夢って大抵叶わずに終わるじゃないですか。サントリーの同期に聞いたら一人だけいたんですよ。小さい頃サントリーに入るのが夢だったたって人が。僕はそういう人は尊敬するし、そうなりたい。自分が言ったことをやり遂げたい。よく喋りますけど、なるべく口だけにならないように、有言実行で終われるように。そうなれば、夢は叶うという発言に説得力が出るわけじゃないですか。俺、叶えたぞと」

遡って五月二十五日、ワールドカップメンバーの選考にも大きく関わる日本代表合宿の顔ぶれが発表された。

早稲田大の寮の部屋が一緒だった二人は、揃ってメンバー入りした。

自身のワールドカップ出場も目指す青木だが、「ハタケには頑張って欲しい」とも口にした。

魚の巻

山田章仁

写真　出村謙知

大きな道路の両脇に駐車場つきの飲食店やスーパーが点々と並ぶ。

群馬県太田市は、多くの住民がマイカーを持つ典型的な日本の地方都市だ。

三洋電機、現在はパナソニックワイルドナイツの本拠地でもある。東武鉄道竜舞《りゅうまい》駅近くに天然芝のラグビー場が二面、広がっている。北関東だ。冬は冷たい風にさらされる。来客用に、六歳児の身長ほどのドラム缶で薪が焚かれることもある。

「サンヨー」としての最終年度、二〇一一年一月二十六日。チームはいつも通りの練習をした。日本最高峰ラグビートップリーグ四強でのプレーオフトーナメント決勝、サントリーサンゴリアス戦を四日後に控えていた。

ドラム缶の向こうで、決戦のシミュレーションを繰り返していた。

H型のポールの脇で、飯島均監督は動かない。この時のチームはほぼ完成していた。綿密な組織守備で相手を追い込む。球を奪う。同時にスペースへ複数人が一気に走り込む。素早く点を取る。それを選手同士の阿吽《あうん》の呼吸で実現させていた。社会人同士のトップリーグでは当時無冠も、大学生なども含めて戦う日本選手権では二〇〇九年度まで三連覇。いい意味で勝ち慣れていた。

全体練習後、山田章仁《あきひと》が居残り練習を始めた。

このシーズンの直前に発展途上のクラブから新加入した、当時二十五歳のプロ契約選手である。

タッチライン際のウイングというポジションを担う。常にサッカーのゴールにあたるプレー、すなわちトライを狙う。

「僕はプレーオフでトライを取るためにこのチームに来ました」

大会前、飯島監督のためにと運営側から頼まれたビデオメッセージで口にした。

移籍初年度の晩秋、常勝集団で昨季まで不動のレギュラーだった選手から定位置を奪い、リーグ二位の12トライをマーク。三日前のプレーオフ準決勝では、メッセージ通りにトライを決めた。

トライを取ります。

皆さんにトライをお見せしたいです。

大勢の取材陣の前でいつも繰り返した。

もっとも、人気《ひとけ》の少ない喫茶店ではこう言った。

「本当は僕、トライキャラじゃないんですよ。でも皆に覚えてもらうにはトライかなって」

際立つ存在だ。

急に真横に走ったり、敵のタックルをかわすために真上に飛び上がったりと、昭和のスポーツ漫画の登場人物のような動きで観客を魅了する。身長一八一センチ、体重八十五キロのボディも、大男の群れの中ではすらりとした印象を与える。多くの人に見られるべく、頭髪にはスパイラルパーマとハイライトを施している。戦前から日本にある「スポーツマンらしさ」を好む人からは苦言を呈される。それも無視されるよりはいいと考えている。

二〇一〇年冬季バンクーバー五輪の時期、男子スノーボード日本代表の國母和宏のドレッドヘアと制服の着崩し、会見中の態度が話題となった。代表を辞退せよ。そう批判する論客も多かった。

彼らをどう思うか。当時ロングヘアのラグビー選手は即答した。

「僕だったらああいう人たちにも感謝しちゃいますね。盛り上げてもらって」

その青年が決勝戦を前に繰り返していたのは、コーチが軽く蹴った球を追いかけ、キャッチする動きだった。実は準決勝のトライも、自分のキックを捕球して決めたものだった。

風貌とプレースタイル、言動が奇抜に映るためか。山田はしばしば「本能的な選手」と評される。準決勝のプレーについても「本能で蹴ったのだ」とあちこちで囁かれた。

本人は、フランクかつ紳士的な口ぶりで断ずる。

「本能って言葉でひと括りにされる感じ、嫌ですね。僕があやふやにやっているからそういう言葉を使ってくださるのでしょうけど、ちゃんとトレーニングしている。球をキャッチする練習もするし、蹴って取る練習もするし。カードはいつも持っていますよ。本能だけでカードが出てこないと、ねぇ。カード、持ち札は増やしたいですよね」

福岡県北九州市に生まれた。一家で唯一の男子だった。

大盛りのご飯にひじき、卵、焼き魚、野菜ジュースにブロッコリーと、小柄な母はたくさんの朝食を少年に与えた。実家は高級呉服店だったため、お客様にはちゃんと挨拶しなさいと教えた。朝食は息子に大きく丈夫に育って欲しいという親心の表れだったのだろうし、躾《しつけ》のおかげで高校時代からマスコミ関係者と整った敬語で話すことができた。成長してから、息子はそう感謝する。

小学校に進むと、放課後はいつも習いごとをしていた。

特に熱心に取り組んだのは英語とラグビーだった。英語塾通いは後の海外志向の基となり、五歳の頃にＹＭＣＡラグビースクールで出会った楕円球は、この人の天職に不可欠だ。

山田は人見知りをしない性格だった。中心ではなかったが、いつもあいつの周りには人がいた。同級生にそう思わせた。勉強もでき、端《はた》から見れば「優等生」だった。

ただ、従順ではなかった。

高校、大学、プロ契約と、進路を親に言うのはいつも全てを決めてからで、小学校四年生の頃から中学校卒業まで通った鞘《さや》ヶ谷《たに》ラグビースクールでも、コーチの言うことをそうやすやすとは鵜呑みにしなかった。

その一例は。上京後に語った。

ボールを持っている人の足元に飛び込んで倒す、タックルというプレーについてこう考えていたと。

「なんで低くタックルしなきゃいけないのかな、とか。今はその意味がわかりますけど、倒せば何でもいいじゃんという考えも当時はありました」

県下有数の進学校である小倉高校を経て、慶応義塾大学ラグビー部に入った。一年目から主力として奔放な走りを見せた。翌春、オーストラリアに約半年間の留学をした。

秋からのシーズンに向け、練習試合や合宿などでチームを形成する時期の単独行動。その選択に、創部百年以上の歴史を持つ同部OBの多くは否定的だった。

とはいえ少年時代から語学堪能で「グローバル」「世界」といった単語が好きな山田は、そもそも大学進学と留学を一対《いっつい》に考えていた。最後のシーズンとなった四年目こそは国内に残留するも、三年目は夏季のみ渡豪した。

一部の若手OBや当時の現役部員数名は、その行動をむしろほほえましく思った。本人の普段の大らかさ、ラグビーに対する熱意と素直さに触れていたからだ。

福岡県出身で慶応大の一学年後輩だった伊藤隆大《たかひろ》は、同郷の華やかな印象の先輩から常に目をかけてもらったと振り返る。

学生時代から、山田はアシックスのスパイクを提供してもらっていた。

大学ラグビー界での自分のプレーを担当者にプレゼンテーションし、契約のようなものを交わしていたのである。その際、チームメイトのスパイクももらえないかと頼んだ。「テレビの試合中継に映る選手にならば」という条件でそれを叶えた。「皆には内緒」と控え部員への配慮も忘れず、一軍選手に新品のスパイクをこっそりと渡した。

後のTBS社員、当時レギュラーだった伊藤は思い出す。

「章仁さんと遊ぶの、すごく楽しみでした。ただ、どんなに皆が楽しんでいてもジュースしか飲まない時があった。本当はお酒も飲めるのに。で、嫌な空気を流すことなくその場を楽しんでいたかなぁ。章仁さんが卒業したあとも、ケイオーの間でアシックスが流行ったんですよ。皆、買いに行っていました」

同学年で卒業後に東京ガス入社の中浜聡志は大学二、三年の時、山田を含めた数名の仲のいい部員と共同生活をしていた。

疲れて帰宅してインスタント食品に手をつける自分たちの隣で、後のプロラガーマンはスーパーへ行き、魚を買っていた。私物には、こちらも魚の骨を砕いたという粉を中浜は見つけた。牛乳と混ぜて飲むのだと聞いた。

以降、軽傷でも大事を取り練習を休む向きのあった山田が誤解されぬよう、チーム内外でこう強調するようになった。

「サボっていると言う人もいるかもしれない。でも、あいつほどラグビーに真剣に取り組んでいる奴はいない。僕が筋トレ室に行くと、必ず山田がいます」

プロになってからの本人は、「粉」こそ常食ではないものの、変わらずよく魚を食べる。

二〇〇七年十一月二十三日。章仁青年は、ライバルの早稲田大学との対抗戦を最終学年として迎えた。

前日、神奈川県の日吉にある専用グラウンドで、清めの塩をふりかけられた14番のジャージィを手渡された。同時に、皆の前で感極まった。

「留学もして、チームの中に入りきれない自分がいて……。でも、今年はみんなと一緒にいた時間は一番長くて……」

0―40と大敗し、自身も不発に終わったことから、以後、試合前に感情を高ぶらせないようにしていると本人は言った。それでも学生時代、仲間の情にほだされて涙腺を緩める瞬間を、部員たちは何度も目にしていた。

山田が尊敬する慶応大卒業生で、三十三歳にしてNTTコミュニケーションズシャイニングアークスでプロ選手を続ける栗原徹は、関係者から言われたことがある。

あいつと仲がいいだろう。ひと言、注意してやれ。

栗原は、母校の練習に参加するアドバイザリースタッフを務めたことがあり、大学四年生のエースを何度かグラウンドで指導していた。だから自分に「注意」と伝えた人に悪気はないと知りつつ、こんな感想を抱いた。

「あの時は、ボールを持っていない時に意識的に動くともっとよくなると言ったんですけど、ものすごく意欲的に聞いていた。僕が知る限りではとても素直。人の話を聞く。もしあいつに何か言いたい人がいたら、直接言って欲しいです」

確かに当時の「14」は、説得力のある言葉にはまず耳を傾けた。「この人からはこの話、あの人からはあの話を聞こうみたいなスタンスですよね」とは、伊藤の弁だ。

そんなトライゲッターの大学ラストシーズンから慶応大の監督となった林雅人は、自身が現役時代に受けた「理由なきコーチング」を反面教師にする指導者だった。

トップリーグの強豪であるサントリーのコーチングディレクターの仕事を経てから大学で指揮を執り始めた。その際も、自軍や相手のデータを統計化して、それに基づく試合ごとの戦略をわかりやすく示した。日々の練習でも部員を「赤ジャージィチーム」と「黄色ジャージィチーム」に分け、トレーニングの効率性と競争心を生み出した。一方、全四年生部員に入寮を命じた。「最後は熱量だよ」。連帯感の強化も怠らなかった。

山田は喜んだ。

中学生の時には「倒せば同じ」と首を傾《かし》げ、そもそも苦手だっただろう低いタックルにも意欲的に取り組んだ。あの日の早稲田大戦後、林に試合の勝敗とタックル成功率の関連性を理詰めで説かれたからだ。二人組の腰の位置に張られたロープの下をかがんで潜《くぐ》り、向こう側に立つ相手にぶつかる。そんな原始的な練習を、ナイター照明の下で繰り返した。

マットさんという愛称を持つ林は、教え子のエースをこう観察した。

「僕にとってはものすごくいい子。ちゃんとこちらの話も聞いてくれるし、逆に相談もしてくれる。ただ、彼がそうじゃないと感じたコーチにとっては、僕とは逆の印象を受けているでしょうね。実際、そういうコーチの話を聞いたことがあります。でも人間、誰にでもそういうところはあるじゃないですか」

概ね充実した学生生活を送り、「楕円球界屈指のファンタジスタ」として国内約二十チームからスカウトを受けた青年はしかし、進路未定のまま大学を卒業した。


夕方六時頃、キックを捕る居残り練習と身体の手入れを終え、山田はクラブハウスの治療スペースで時間を潰していた。新聞記者とともに飯島監督の談話を聞く、自分より三歳年上のスポーツライターを待っていた。インタビューを受ける予定なのだ。

数十分後、お待たせしましたと声をかけられ、他に話を聞く人がいないことを確認して、一緒にクラブハウスを出た。近くのディーラーに行き、預けていた黒くて椅子の位置が低いドイツ製車両を出した。プロ選手の自分がいい車に乗っていれば、子どもたちがラグビー選手を目指してくれるかもしれないと考えていた。

五分ほど走り、静かな喫茶店を見つけた。車を停めて中に入ると、そこは小学校の教室三つ分ほどの広さだった。奥の席に座り、山田はアイスコーヒーを注文した。

ICレコーダーの前で、山田はいつも伸びやかな口調で話す。

例えば、メディアを通しての「強気なコメント」について。

学生時代から「海外で活躍する」と主張している。三洋電機に入ったこの年度も、引退が決まっていたスター選手の大畑大介との直接対決で2トライを決め、「今まで凄かった選手より、これから凄くなる選手の方がいいというところを見せたかった」と「つい調子に乗って」話した。そのまま報道された。自分の発言とその扱われ方を、どう思っているのか。

「記事とかって、模範解答ばっかり並べられても面白くないじゃないですか。読んでいる方にとっても。自分は面白い記事を書いてもらえるように話したい。逆に、話を聞いてもらえないのは寂しいですよね。だから活躍して、話を聞きに来てもらう、と」

もう一つは、「人はコントロールできない」という哲学について。

三洋電機で定位置争いをしている時、チーム内のライバルについて聞かれればいつも答えていた。「自分しかコントロールできない。自分のプレーを見せたい」。学生時代から耳にしていた自身へのバッシングについても、「嫌な大人も個性ですからね。そう思うようにしたんです」と割り切っていた。発想の根本にどんな体験があるのか。

「大学の時に批判されたりした時、思いますよね。留学も大きかったかもしれないですね。

海外の色んな人に会って、自分が小さい奴だなって思ったこともありますし」

昔は机に落ちた消しゴムのかすにも腹を立てていたのですが、と語ったこともある。オーストラリアでは、「小さいことを気にしない奴」が多かったと言う。

今のジャパンのラグビーを観たことはあるか。

正式には選ばれたことのない日本代表についての話題には、こう返した。

「観たりはしますけど、何をしているか詳しくはわからないです。ミーティングも出たことないですし」

あの戦術なら自分はこう動くといったイメージは、特に持っていない。

「うーん。基本的に僕は、チームの方針に合わせられるタイプだと思っているから。もし選ばれても、代表でやって欲しいことはすぐにできると思います」

順応力、適応力は昔から。

「そうですね。でも、自分の軸を変えたくないという思いがあるからこそ、人に合わせることもできるんだと思います」

コーヒーが半透明なストローを通過する。代表入りへの試金石となりそうなプレーオフの決勝戦は四日後。緊張は。山田は即答した。

「楽しみの方が多いですね。緊張って不安があるからするんだろうから、そうならないように自分の能力を上げる。今度の試合であああして、終わってからのインタビューではこう答えようとイメージする。そんな生活を最後まで通せばいいんじゃないですかね」

本番で力を発揮するにはどんな心持ちでいるべきか。

それこそ涙の早稲田大戦など多くの体験から、自分なりに答えを見つけている。歴史的には世界最強の呼び声高いニュージーランド代表オールブラックスを引き合いに出し、こんな持論を展開した。

「例えば、オールブラックスが百で僕が八十だとします。で、ワールドカップで緊張して、オールブラックスの人が五十パーセントしか力を出せない。そこで八十の僕が百パーセントを出せたら、その試合では僕のパフォーマンスの方が高いということになるじゃないですか。いかに自分より能力の高い人よりも前に出られるか、そこも意識します。スピードで世界一になれないし、当たりでも世界一になれない。際どいところのせめぎ合いをアピールしたいですね」

夜になった。録音機の電源は切られた。後のプレーオフMVPは、夕食をとるべくクラブハウスへと戻った。


二〇〇八年春、二十二歳の山田は広告代理店勤務の同級生宅に居候《いそうろう》し始めた。

専門誌に載った「選手進路一覧」には「未定」と書かれ、無職になった。海外クラブとの契約を望み、在学中から欧州各国へ自作のプロモーションDVDを送付、返事を待っていた。

回り道のきっかけは、後に「大きな経験」と振り返る留学だった。学生時代、山田はオーストラリアのイースタンサバーブスというクラブで楕円球を追っていた。

積極的にコミュニケーションを取れば、自分のプレーは認めてもらえた。当時、国内では万能選手とされてきたが、旅先ではウイングに固定された。「自分がチームにできるのはトライを取ることだけ」という哲学を構築した。「I will get a try!」。試合前にそう言えば連中は盛り上がった。実現させると、次のゲームでもたくさんのパスを託された。

人生観を変える場面は、むしろグラウンドの外にあった。

所属先にはアルバイトの傍らプロを目指す若者も多かった。日本人は、英語圏のチームメイトから雑談の口調で問われたのだ。

「アキ、留学のお金は高かっただろう。どうしているんだい」

「……親に払ってもらってる」

自国の大学生にとってごく普通の資金調達方法でも、現地では説明しづらかった。留学中の苦労は。例のライターに聞かれた時も、この一件を伝えた。

「恥ずかしかったですね。金持ちでもないのに金持ちだな、とか言われて」

それまで将来の進路をさほど真剣には考えてこなかった山田は、以降、志を決めた。

ラグビーを仕事にしたい。できればそれを海外で、と。

現実は厳しかった。DVDへのいい返事はなく、結局、国内で最も好条件を提示したとされるホンダヒートと契約。そこから二年間、山田は光と影の両方を体験することとなる。

光は、自分が思い描いていたプロ選手像にかなり近づけたことだ。

親会社の本田技研から得た安くはない年俸は、車の購入、自身のホームページ作成などに充てることができた。

さらに学生時代から交流のあった竹田和正トレーナーと個人契約を結んだ。週に一回程度、神奈川県は長津田にあるジムで自分のプレースタイルに役立つ独自のメニューをこなした。朝五時に起床、七時頃の新幹線に乗り九時からは竹田氏と鍛錬、十四時までに三重県鈴鹿市のホームグラウンドにとんぼ返りし、そのまま十六時からの全体練習に参加した。

慶応大在学中の黒い短髪は、色味と長さを変えた。試合の日は、長髪を地肌に這わせるように編み込んでグラウンドに現れた。地元ファンの歓声を呼び、それに眉をひそめる人の話を聞いても、「長すぎるので、本当は僕も髪を切りたい」と言った。

影は、ホンダの成績が振るわなかったことか。

二〇〇八年度、新人のエースとして当時下部リーグにいたクラブをトップリーグに引き上げ、翌年度はその舞台で8トライを決めたが、一年で降格した。大学時代ほどは注目されず、逆に入団の経緯や個人行動に関する断片的な情報が、噂として関係者の間を独り歩きした。

当時の山田は日本代表とも縁遠かった。大柄で泥臭い選手を好むようだったジョン・カーワン・ヘッドコーチの方針に、自分のスタイルを何とか適応させてみては。そう聞かれてはため息をついた。

「そんなの、真ん中からぶっとばしてやりたいですよね！　でも、難しいなぁ」

とはいえ降格直後、その翌年度の代表候補に名を連ねた。これを本人は「おまけ」と振り返るが、自分も選考対象だということは再確認できた。

もう一つ階段を上がるため、契約条件はさておき注目度が高く、強いチームに加わりたい。そう思った二〇一〇年四月、そこに所属していて、かねてから仲のよかった堀江翔太を介し、三洋電機に移籍した。

春先は左足を負傷し出遅れたが、復帰後、常勝集団のシステムの中で自分らしさを出せるよう努めた。

「今までは発信のコミュニケーションを意識していたけど、聞くこともコミュニケーションなので」

ボールを持たない時の立ち位置や動き方といったチームの「ルール」について、霜村誠一キャプテンらに質問し続けた。タックルをしない人間はゲームに起用されないと皆から聞き、大学四年の時のような守備意識を呼び覚ました。

何より、元オールブラックスでチームの象徴であるトニー・ブラウンの言葉に心を躍らせた。ある日、酒席に集まった選手全員に向け、ブラウンは語った。

ラグビーはランだけじゃない。

タックルなど、楽しいことがたくさんある。もっと楽しもう。

九月三日、東京は青山の秩父宮ラグビー場での開幕戦、山田は先発の座こそ逃したものの後半20分から出場した。前年度王者の東芝ブレイブルーパス相手に三つの局面で続けてタックルした。

十月三日、埼玉県の熊谷ラグビー場。栗原がいるNTTコムとの第四節では、世界的強豪のオーストラリア代表として二十三の国際公式試合に出たマーク・ジェラードに自分の腰をぶつけた。その反動で駆け抜けトライを奪った。八面六臂《はちめんろっぴ》の働きで、いつしか背番号11を勝ち取った。

「もともと好きなタイプの選手だったけど、何でも聞いてきてくれて可愛い後輩だなと。ディフェンスしないって言われていたけど、実際はすごくタックルに行く」

明るい霜村がこう言えば、実直な飯島監督は何度も口にした。

「勤勉。ミーティングでも必ず筆記し、チームがやっている普及活動にも積極的に参加する。伝えられるイメージと実像がかけ離れているかもしれません」

強者の群れで、通称「異端児」の気持ちが伝わった。

「子ども」と「大人」の境界線はどこか。

自分や今のことを中心に考える人間が「子ども」で、他人や先のことを中心に考える人間が「大人」。そんな仮説に沿うならば、山田は「大人」の要素が適度に組み込まれた「子ども」なのだろう。

自分が目立って活躍したいと強く願いつつ、その意思を周りに認めてもらうためのコミュニケーションを欠かさない。トライを取りたいと無作為に駆け回っているように見え、実は必要な「カード」を淡々と用意している。自分への投資としての留学でチームを離れながら、仲間の心に想像力を働かせ涙を見せる。

そんな「子どもっぽさ」と「大人っぽさ」の落差が、この人の魅力なのだ。

「空気を読めない」という意味で二〇〇七年度の新語・流行語大賞にエントリーされた「KY」という単語が廃《すた》れ始めた頃、こんな問答をしたことがある。

空気を読むのはいいことか。

「いいこと、じゃないですか。でも、空気を読まないのも読むうち、ですからね」

読むうち。「空気を読まない」という行いを、空気は読めるが、あえて読まないこと、という風に考えていた。本来は読める空気も状況や気分によっては断固、読まないことも必要。そう思うのだ。

「読めないのはだめですよ。まぁ、僕もそんなに空気を読めない方ではないと思うんですけど、読まないのも読むうちです」

二〇一一年一月三十日、秩父宮。

「試合前はストレスフリー」が身上の山田は、この日も前を向いていた。活躍した自分が映ると信じて夜のスポーツ番組を録画予約し、最後のウォーミングアップを終えてからも、出くわした知人に笑顔で挨拶をした。

キックオフ。

序盤は黄色いジャージィのサントリーが6―11とリードも、赤いジャージィの三洋電機は冷静だった。

後半1分。

ボールを持った赤の11番は、目の前の相手をかわすべく宙に舞い、身体で弧を描く。

突進、ステップ、パス、キックと、ラグビーでよく起こるプレーのいずれでもない動きで、観客を驚かせる。

同点の10分。

ブラウンが相手から球をもぎ取り、左へ回す。

劉永男《ユ・ヨンナム》がそれを受け取り、大きく蹴り込む。

大外から駆け込んだ山田がそれを摑み、ゴールエリアに運ぶ。

練習で用意した「カード」を使い、勝ち越しトライを決めたのだ。

スコアは18―11。

三洋電機はリードを保ち、28―23で初優勝した。

試合後の表彰式。

「MVPは……」

場内アナウンスを聞きながら、スパイラルパーマの男は瞳を左右に動かす。

やがて自分の名を耳にする。

刹那《せつな》、少年のように笑い両手を高々と上げた。


翌日、この年で引退する大畑にスターの「後継者」だと指名された。二月二十八日には再び代表候補入りし、前年は参加できなかった合宿にも帯同した。その期間中は女性向けファッション誌の撮影、テレビ番組への出演と、秋にニュージーランドで行われるワールドカップに向け、パブリシティ活動に駆り出された。

追ってまた、行き止まりに出くわした。

四月下旬から約一ヶ月間かけて行われたアジア五カ国対抗のメンバー三十名から外れた。ワールドカップのメンバーの最終選考という色の濃い、六月一日からの二度目の合宿に向けての再調整を命じられたのだ。

ある人には、「これは万人がおかしいと思っている。その時にどんな態度を取るかで、あなたの価値が決まるんだよ」と諭された。本人は「別に、落ちたとは思ってない。遠征に行けなかっただけ、という感じ」と落ち着いていた。むしろ周りから同情の声を浴びることで、「軽く、そういう気持ちにはなりますよね」。放っておかれれば、ショックは少ないのだと強調していた。JKことカーワン・ヘッドコーチに「スキル不足」と考えられているようだとは、あらかじめ知っていた。

ただ、自分が参加できなかった遠征が終わると、スマートフォンが鳴った。知らない番号から着信があった。

代表チームの香川淳一通訳兼コーチングコーディネーターから山田は言われたのだ。宮崎へは連れて行けない、と。

「JKには六月は連れて行くって言われてたんですけどね。なかなか上手いこといきませんねぇ」

事実および、それに基づく客観的な感想だけを呟いた。

ワールドカップ、何のために戦うか。

今は封印している海外移籍への思いを叶えるためだと語った。

「一生日本で生活するのはもったいないと思うんですよ。地球は広いから。今すぐでも自信がないわけじゃないですけど、日本で活躍できない選手が世界でできるのかと言う人もいる。そういう人を黙らせ、味方につけてから海外に行きたいです。できるだけ急ピッチで。だからまずはワールドカップに行って……」

　人生初のプロ契約を結んだ春、自分よりまず両親に一台ずつ車を贈った山田は、ニュージーランドでトライを取ることを諦めない。

あとがき

本書「KUMON式の巻」の田邉淳さんは、曇天の二〇一一年六月二十六日、トップリーグXVの一員でした。この日に試合があると知ってから、自分も出たいと所属先を通して打診していました。ジャパン復帰へのアピールに、と。結局、出場決定後に発表された九月九日開幕のラグビーワールドカップニュージーランド大会における「第一次登録日本代表スコッドメンバー」の五十名から漏れました。この顔ぶれが変わるのは、日本ラグビーフットボール協会のホームページによれば「怪我など不測の事態の場合」のみです。しかし当日、本人はフルバックとしての技術を淡々と披露しました。「本当に楽しい三日間でした」。試合の前々日から選抜チームの一人として過ごしたことを、前向きに振り返っていました。

三月十一日、大きな地震と津波が列島を文字通り襲いました。このゲームは復興支援のためのチャリティーマッチでした。秋のワールドカップに臨む日本代表が、国内最高峰リーグの選抜チーム、トップリーグXVと対峙したのです。

トップリーグXVには田邉さんの他、有力株が揃いました。「第一次登録」に含まれ、ファンからの支持が薄くない選手も名を連ねていました。かたや日本代表は「外国人が多い」などと、一部から後ろ向きの意見が寄せられていました。

ゲームに際し、本来は「ワールドカップに臨む我らが代表を送り出す集団」のはずの連合チームが、どこか「悲劇のヒーロー」と捉えられてもいました。報道陣もそこに違和感は示しませんでした。実際にそんな記事や映像は作らなくても、です。

権威に批判的な視線が向けられることはある意味、健全ですが、当事者にとっては心地よくありません。ジャパンのスクラムハーフで本書「ダーツの巻」の田中史朗さんは、「アウェー感がある」と吐露しつつ、自分たちが本当の日本代表なのだから負けられない、との意を示しました。福島県郡山市出身で「救急車の巻」の大野均さんも同じでした。「新聞記事の巻」のマイケル・リーチさんは、試合が楽しみだと強調していました。遠慮がちな性格がプレーに出てはいけないと思うからか、「楽しまないと」と言うのです。

「回転寿司の巻」の堀江翔太さん、「消毒液の巻」の小野澤宏時さんが負傷のため観客席に座る中、試合は日本代表が49―7で勝ちました。

キャプテンで「カツカレーの巻」の菊谷崇さんはフランカーとして出場、持ち前の攻撃センスで3トライを決め、MVPとなりました。ノーサイドの直後、両チーム入り混じっての円陣を組みました。

宮城県気仙沼市生まれで「柿の種の巻」の畠山健介さんは、急造チームの相手のスクラムを再三、押し返しました。それを直接のスコアにも繋げました。「被災者」としてではなく、ラグビー選手として生き抜くのだと、かねてから宣言していました。それでも試合後、ジャーナリストからのいわば「定石通り」の質問に答えていました。ご実家が津波で流されたとのことですが、ご家族は今。

ワールドカップの第一次登録メンバーには入りながら、六月の代表合宿には呼ばれなかった「魚の巻」の山田章仁さんは、トップリーグ選抜のウイングでした。自陣インゴールからでも、勝負を仕掛けました。ルール上、その場にボールを置きさえすれば数メートル先からリスタートできたものの、プレッシャーをかけに来る対面《トイメン》の選手をヒップホップの足の刻みで振り切り、快走。少し先にあった22メートルライン付近で相手チームの援護射撃に捕まりながら、うつぶせに倒れ股の間から楕円球を出しました。リスクを背負ってでも自分の特長を見せると、事前に語っていました。結局、この人にパスが通るたび、スタンドから歓声が沸く結果となりました。個性とは何なのでしょう。自分のもとへ相次ぎやって来るファンと交流しつつ、山田さんは答えをひねり出しました。

「自然体でいることじゃないですかね」

四月から五月、筆者は何度も取材をしました。「ファンの方から人気が高いはず」という独断から今回の主役とさせていただいた九選手、その周囲の方々が、嫌な顔せず応じてくれました。対象者の中に多くいた、スポットに当たる九人以外の現役選手が、自分以外のアスリートのために時間を割いて欲しいという不躾な依頼を避けなかった。その事実の連続が大きな後ろ盾となりました。さらには筆者がこの仕事を始めてから溜め込んでいる、数えるのが面倒なほどの分量の取材ノートも駄文に息を吹き込みました。本書は楕円球界の善意で成り立っています。写真を撮影、提供してくださった出村謙知さん、長尾亜紀さん、志賀由佳さんも含め、関わっていただいた全ての方々に御礼を申し上げます。

なおプロローグの一部に、篠崎二郎さん著の自費出版図書『一粒の種』（ぶんしん出版）を引用させていただきました。鬼籍に入られたご本人にお会いしたことはありませんが、その本では、内なる個性を排除せず集団に幸福をもたらしたいとの旨が、綺麗な日本語の連なりで表現されていました。

本書は二〇一一年秋のワールドカップに向けた企画です。ただ、いつの時代の読者でも驚きや共感が得られるショートノンフィクション集にしたいと、筆者は考えていました。平日の就寝前や週末の乗り換えが少ない電車の中、アルコールのでるカウンター式のカフェなどで、長く愛していただくことを願います。

向　風見也（むかい・ふみや）
一九八二年富山県生まれ。都立狛江高校でラグビー部に所属。成城大学卒。二〇〇六年よりスポーツライターとして独立し、『ラグビーマガジン』『スポルティーバ』『ラグビーリパブリック』などに寄稿。また、ラグビー技術本の構成にも携わる。本書が初の著書になる。

ジャパンのために　日本《にほん》ラグビー9人《にん》の肖像《しょうぞう》

二〇一一年七月二十日　初版第一刷印刷
二〇一一年七月三十日　初版第一刷発行

著　者　向風見也
発行人　森下紀夫
発行所　論　創　社
東京都千代田区神田神保町2—23　北井ビル2F
電　話　（〇三）三二六四—五二五四
振替口座　〇〇一六〇—一—一五五二六六
URL　http://www.ronso.co.jp/

印刷／製本　中央精版印刷

ISBN978-4-8460-1030-0